历史深处

朱元璋的台前幕后

王宏伟 著

中国画报出版社·北京

图书在版编目（CIP）数据

朱元璋的台前幕后 / 王宏伟著. -- 北京 : 中国画报出版社, 2024.5
（历史深处）
ISBN 978-7-5146-2239-3

Ⅰ. ①朱… Ⅱ. ①王… Ⅲ. ①朱元璋（1328-1398）—生平事迹 Ⅳ. ①K827=48

中国国家版本馆CIP数据核字(2023)第247666号

朱元璋的台前幕后

王宏伟 著

出 版 人：方允仲
责任编辑：李聚慧
内文排版：姚 雪
封面设计：王建东
责任印制：焦 洋

出版发行：中国画报出版社
地 址：中国北京市海淀区车公庄西路33号 邮编：100048
发 行 部：010-88417418 010-68414683（传真）
总编室兼传真：010-88417359 版权部：010-88417359

开 本：16开（787mm×1092mm）
印 张：14.25
字 数：182千字
版 次：2024年5月第1版 2024年5月第1次印刷
印 刷：三河市金兆印刷装订有限公司
书 号：ISBN 978-7-5146-2239-3
定 价：58.00元

出版说明

历史长河，星光灿烂。《历史深处》系列丛书汇集了帝王传记、历史名人以及重要朝代的兴衰历程，带读者穿越时空，纵览历史长河中的璀璨星辰。

本套丛书通过对历史资料的搜集和整理，努力还原历史人物和历史事件，让读者更好地了解历史人物的思想、行为，以及历史事件产生的背景。同时，也通过对历史事件的描述和分析，揭示了历史人物的影响，以使读者更好地理解历史进程和社会变迁。

本套丛书是按照历史脉络来叙述的，综合了各类文献资料，采用了基本的历史事实，讲述的是历史典籍中存在的人物。但在某些事件和场景中，为了使人物形象更加丰满，提升作品的可读性和趣味性，使这套大众读物更具表现力和感染力，作者在创作时运用了一些文学手法，增加了场景的描写、人物心理描写和情感描写。所以，不可避免地会有一些虚构的成分和细节，请读者在阅读的时候予以注意。

前 言

中国历朝历代的开国皇帝，都具有传奇的一生，而明朝开国皇帝朱元璋则是个中翘楚。朱元璋是一位出身低微而又一统天下的农民皇帝，这种不平凡的创业经历罕见，所以长期以来，在朱元璋身上一直笼罩着一种传奇的色彩。无论是喜欢探幽访古的学者，还是喜欢猎奇的普通人，都对朱元璋从一个贫苦的放牛娃成长为一个泱泱大国的开国君主的创业史充满兴趣。朱元璋成功的真正原因在于朱元璋能够把握住历史的机遇，不断在元末乱世和战争中培养和锻炼自己的各种能力。朱元璋有很强的大局观，善于深谋远虑，并能识天下英才而用之。

本书就是从上述诸多方面着眼，结合有关史实，穿越历史时空，去还原一个卸掉皇权威仪的真实的朱元璋，引导读者去体会朱元璋创业时的艰辛和快乐，感悟朱元璋的心胸和谋略，近距离审视朱元璋是怎样在波谲云诡的群雄逐鹿中一次次地为自己争取机会的，从而走向成功。

目 录

第一章 从牧童到和尚

第二章 闯荡天涯

第三章 削平群雄

第七章　晚年生活

附录　朱元璋大事年表

第一章 从牧童到和尚

元末乱世

1271年，忽必烈大汗率蒙古军队灭掉了历经320年的大宋帝国，建立了横跨亚欧大陆、面积约3000万平方公里版图的大元帝国。大元帝国最高元首大汗——忽必烈，把原属于西夏、金、宋、大理的土地和蒙古本土合并，重新区划为腹里中书省、辽阳等处行中书省、河南江北等处行中书省、陕西等处行中书省、四川等处行中书省、江浙等处行中书省、云南诸路行中书省、湖广等处行中书省、甘肃等处行中书省、岭北等处行中书省等11个行政地区。

这一时期明教在民间还与弥勒教、白莲教同流，弥勒教和白莲教都出于佛教的净土宗，一个叫弥勒净土，一个叫弥陀净土。

白莲教供奉阿弥陀佛，劝人念佛修行，多做好事，死后可到西方净土白莲池过快活日子。白莲教与明教、弥勒教仪式戒律相近，到了大元帝国末年，三教同流。这些教众都不满现实，主张改变现状，都相信明天的世界会更美好，而这一天到来的标志便是“明王”出世，“弥勒佛”下降。人们在苦海中期待着救星的出现，一旦听说哪里有明王出世或弥勒佛降临的消息，便蜂拥而至，为之流血牺牲也在所不辞。

1325年6月，息州人赵丑厮、郭菩萨就宣扬过弥勒佛要来治理天下的消息。

1337年，陈州人棒胡（闰儿）又传弥勒佛已经降生了，他烧香礼拜、聚齐教友，在汝宁府、信阳州起事，打下归德府、鹿邑，烧了陈州城。

1338年，袁州慈化寺和尚彭莹玉（又称彭翼）与徒弟周子旺秘密传教反元。他们劝人每晚点着火炬，烧香礼拜，口念弥勒佛偈，每人背上都写一佛字，约定在寅年寅月寅日寅时起事。周子旺自称周王，举起了反元的大旗。后来周子旺被杀，彭莹玉一面行医，用泉水给老百姓治病；一面在息州、陈州、信阳、淮西一带秘密传教，组织力量反元。虽然后来起义失败，彭莹玉战死，但是，弥勒教教徒却从来都没有停止过活动。

与彭莹玉南北呼应的是赵州栾城（今河北栾城）韩氏的白莲教。韩家几代人都是白莲教教主，烧香结众，深得百姓信仰。官府害怕韩家势力发展，将韩家谪徙到广平府永年县（今河北永年）居住。此时韩山童接掌教主，广泛宣传天下就要大乱，弥勒佛降生，明王出世，积极组织力量反元。

1344年5月，黄河涨水，北决白茅堤。

1344年6月，大雨连绵，黄河北决金堤[1]，曹州、濮州、济州、兖州被淹。

那个时代，人分为四等。第一等人是蒙古族人，自命为天之骄子，享有特权，充任各级政府长官，执掌兵权机要，他们可以强占土地，杀人越货，为所欲为。第二等人是色目人，他们较早归顺元廷，能得到主子的信任。第三等人是原金国所属的“汉人”，第四等人是原南宋所属的“南人”。“汉人”“南人”受歧视，而“南人”更甚。为了统治的需要，元政府便依职业的不同，分人为十级：一官、二吏、三僧、四道、五医、六工、七匠、八娼、九儒、十丐。值得注意的是外来的佛教僧侣，世人称他们为“喇嘛”“西僧”“番僧”，蒙古大汗尊称他们为“法王”“国

① 金堤：元朝在黄河修建防水的堤坝，自河南省滑县，经河南濮阳进入山东聊城境内，长达83.4千米。

师”。他们具有强大的势力，虽不参与统治，却往往对百姓施暴，给百姓带来灭顶之灾。

元灭宋后，大量圈占土地，辟耕为牧，而元廷官员的贪污腐败跟他们当初的武功一样空前绝后。可以毫不夸张地说，几乎每一个当官的都是一个“百万富翁”。据《明史》所载，第八任大汗帖木儿整顿官吏时，一次就撤掉了18073个贪官。殊不知没有制度的变革，只撤几个贪官是无法解决根本问题的。

元世祖灭宋以后，多次向外发动战争，军费花费巨大，财政困难，于是任命一批刮钱能手做大臣，专事搜刮民财，增加赋税，卖官鬻爵，盘剥百姓，造成贪污腐化的政治风气。大官吃小官，小官吃百姓，民谣说：“解贼一金并一鼓，迎官两鼓一声锣。金鼓看来都一样，官人与贼不争多。”又说到官官相护：“奉使来时，惊天动地；奉使去时，乌天黑地。官吏都欢天喜地，百姓却啼天哭地。”腐败黑暗的元廷暴政，把老百姓逼上了反抗之路。当时流传的一阙小令《醉太平》唱道：“堂堂大元，奸佞当权，开河变钞祸根源，惹红巾万千。官法滥，刑法重，黎民怨。人吃人，钞买钞，何曾见？贼做官，官做贼，混贤愚，哀哉可怜。”

怎么办呢？那时的群众和他们的领袖就以明教、弥勒教和白莲教作为斗争的利器。利用宗教宣传、组织群众，在中国的朝代更迭史上，可谓源远流长。

明教传到中国，可以追溯到唐代，它糅合了基督教、祆教、佛教的教义，形成了一个新宗教，教义是二宗三际。明教认为，世界上有明暗两种不同的力量，叫二宗。明是光明，是善，是理；暗是黑暗，是恶，是欲。这两种力量经过初际、中际、后际的对立斗争，明暗各归其位。初际是过去，中际是现在，后际是未来。明教认为，现阶段，虽然黑暗势力占优势，但是明王一定会出世，光明一定能战胜黑暗。凡为明教徒，一人有难，八方教友来援，因此明教很有凝聚力。

元政府发汴梁、大名13路民工共15万人，调庐州等地戍军2万人改道黄河。

韩山童得到消息，暗地叫人凿了一个石头人，脸上只有一只眼睛，偷偷埋在黄陵冈当掘的地方，然后散布消息说："石人一只眼，挑动黄河天下反。"同时派几百白莲教教徒做民工，宣传天下就要大乱，弥勒佛降生，明王出世了。不久，河南、江淮一带的百姓全知道了，人心思反。

一天，民工挖到黄陵冈一段，在一棵树下，掘出一个一只眼睛的石人，人们吓得目瞪口呆，几万人围观，议论纷纷，都认为翻身出头的日子到了。

韩山童见时机已经成熟，聚集3000人，在白鹿庄斩白马乌牛，祭告天地，自称是宋徽宗第八代孙子，当为中国主宰，自立明王。刘福通自称是宋朝大将刘光世的后代，理应辅佐旧主光复天下。以头裹红巾为号，克日起兵。不料消息泄漏，韩山童被杀，其妻杨氏带着儿子韩林儿逃入武安山中。刘福通苦战，出敌不意地攻占了颍州、罗山、上蔡、正阳、霍山，然后分兵取舞阳、叶县等处。

挑河夫闻讯，杀了监工，头裹红巾，漫山遍野一片通红，与刘福通部队会合一处。不到10天时间，红巾军就发展到几十万人，迅速攻占了汝宁、光州、息州。红巾军严守教规，不杀百姓，不奸淫妇女，不抢劫财物，深受百姓拥护。人们高唱："天遣魔军杀不平，不平人杀不平人，不平人杀不平者，杀尽不平方太平。"（见元代陶宗仪《南村辍耕录》）

历史上著名的红巾军起义，敲响了元廷统治的丧钟。

红巾军除杜遵道、刘福通一支外，芝麻李（李二）的队伍控制了徐州（今江苏铜山）各县以及宿州（今安徽宿州）、五河（今安徽五河）、丰县（今江苏丰县），南边到了安丰（今安徽寿县）、濠州（今安徽凤阳）、泗（今安徽临淮）一带。由彭莹玉组织、徐真逸（寿辉）领导的一支红巾军攻下了德安（今湖北安陆）、沔阳（今湖北沔阳）、安陆（今湖北钟祥）、武昌（今湖北武昌）、江陵（今湖北江陵）、江西（今江西九江）一带，由布王三、孟海马率领的红巾军占领了唐、邓、南阳、嵩、汝（今河南省境内）和均、房、襄阳、荆门、归峡（今湖北省境内）大片土地，由定远县人郭子兴率领的红巾军攻占了濠州。红巾军从南到北、从西到东已成燎原之势，元朝统治岌岌可危了。

这，就是造就明太祖朱元璋的那个动乱时代。

帝王游戏

1328年，安徽凤阳县发生了一件奇怪的事。

这件事发生在凤阳县太平乡一个普通得不能再普通的名叫孤庄的小村子。

那时凤阳还不叫凤阳，叫濠州。

那一年是元文宗元年。

那是个大灾年，从春天开始，凤阳就没再下过一滴雨了。田地被晒得裂了缝，栽下的秧苗一棵棵都枯死了。到了夏秋时节，这一带又闹了一场蝗灾，真是祸不单行。

那时人们对付自然灾害没有别的办法，只能求老天爷开恩。太平乡孤庄村的族长召集全村人都去向老天爷求雨，青壮男子们赤着上身，将一条布汗巾往腰里一扎，将柳树条子编的圈儿扣在头上，跪在太阳地里。法师站在祈雨台上，手舞足蹈，嘴里念念有词……

就在男人们都跪在太阳地里求雨的时候，村里朱五四家的女人陈二娘，臂弯里挎了个竹篮子，向皇觉寺的方向走去。不过，朱家媳妇不是去求雨，而是求神保佑她肚里的娃娃平安落地，保佑她把娃娃早点生下来。

按时间算来，朱家媳妇陈二娘肚里的孩子已经足月了，却一点没有要生的迹象。

相传，陈二娘自己说，她在怀这孩子的时候，有一天夜里，忽然见到皇觉寺的一尊泥塑罗汉金刚突然活了，走到她的面前，伸手给了她一个药丸。陈二娘把药丸接了过去，放在手掌里。过了一会儿，只见药丸由暗变亮，呈紫红色，眨眼间光芒四射，满屋生辉。陈二娘大惊，按照罗汉金刚的指示将药丸放进嘴里，那药丸径直滑到喉咙里，而且甘香异常。①

陈二娘一下子惊醒了，方才知道是在做梦，虽然是梦，但齿间舌尖上明明还留有余香。

陈二娘急忙推醒自己的男人，朱五四被搅了好觉，十分不满，埋怨道："发什么痴！"翻个身又睡了过去。但陈二娘心里却暗想，莫非肚里怀着的不是凡胎？

就为了这个，她也要去皇觉寺烧炷香，求菩萨保佑。

那天的皇觉寺十分安静，上香的人少了，有名望的师父都到晒谷场上帮老乡们求雨去了，那些小和尚也都跟着看热闹去了。陈二娘来到大雄宝殿，吃力地跪到蒲团上，对着菩萨磕了三个响头。

也许真是这头磕得灵验了，恰在这时，陈二娘的肚子疼起来。

① 此处出自杂史与民间传说。

此时晒谷场上的求雨仪式已经完了，人们正要散伙各自回家，忽然看见皇觉寺的方向火光闪闪，红光冲天。

“不好了，皇觉寺失火了，救火啊——”

不知是谁喊了一声，大伙呼啦一下散开，纷纷回家抄了木桶、木盆、木瓢等家什，赶去皇觉寺救火。

谁知人群一路冲到皇觉寺门口，才发现根本没有起火，转到庙后，也不见火光。

大伙只好回去，走了半里地往回看，竟见皇觉寺仍是红光闪闪，如大火冲天，大伙都奇怪得不得了。

那个朱五四也稀里糊涂跟着众人，提着个木桶跑来跑去，却就是找不着火的出处，这时猛然想起老婆陈二娘说要去皇觉寺求神灵保佑，很可能现在就在庙里，便愣头愣脑地冲进庙去。一眼发现二娘已经生了，正跪在地上咬婴儿的脐带。

陈二娘见丈夫来到跟前，她满脸疲惫而自豪地对朱五四说：“是个儿子哩！”

朱五四脱了麻布短衫，裹着儿子出了庙门。大伙都愣愣地看着他，心想真是怪事，莫非那火光跟这娃娃有关？若果真如此，这娃娃将来必定会有大出息。

从唯物主义的角度看，生个孩子哪有如此神奇的，这只不过是老百姓或后世官方出于对皇权的敬畏，进而演绎出来的故事，口传文化就是这样，越传越神。

不过有一点的确是真的，那就是朱五四生在皇觉寺的孩子，就是日后的朱元璋。

朱五四是个老实巴交的乡下人，搬了一辈子家，最后才搬到凤阳太平乡孤庄村。

朱五四是个苦命人，平生就会两件事，一是会种地，肯下死力气，一大家子就靠他卖苦力；二是会生孩子，孩子一个接一个地生。皇觉寺里生下的这个孩子，已经是第八个了。

朱五四没有什么文化，不论生男生女都叫重儿，到这第八个孩子，自然也就一路叫下来，顺嘴给他取了个名字叫朱重八。

相传朱重八生得十分怪异：鼻大、眉粗、眼圆，脑门骨向前凸起一大块，下巴比平常人长出一寸多，加上天生黑脸膛，令人看了就怕。

他老爸朱五四一生逃荒逃役逃迫害，他哪能过上好日子，一等到能走路，便开始替富户人家放牛放羊了。

这个放牛娃，身在山坡深谷、白云绿荫、牛哞羊咩鸟啁啾的环境里，竟然混成一个鬼精灵，馊主意特别多，他的许多玩伴也跟他学，以至于后来都追随他成了明朝的开国元勋。

关于他的传说故事也很多。

朱重八最爱玩的游戏是做皇帝，和他一般大小甚至大他好几岁的孩子们，也习惯听他指挥。

有一年秋天，朱重八刚把牛赶到南山，早在那里等着他的孩子们便把他围住了，七嘴八舌，叽叽喳喳，这个要捉迷藏，那个要去偷豆子来烧着吃，争来争去，谁也不让谁。

朱重八这才一本正经地轻声说道："玩这些都没有意思，我们玩做皇帝。"

孩子们一听都乐了，一起跳起来，连忙去找石头，搬土块，不一会儿，垒起一个皇帝的"宝座"来。只见那土堆子三四尺高，尖尖地堆上去，最上面是一块大石头，又尖又滑。

朱重八见垒好了"宝座"，又说："我们轮着来坐，坐上去的便是皇帝，大家一起给皇帝磕头。"

轮流做“皇帝”开始了，朱重八叫大家先去坐“宝座”。

只要一个孩子坐上堆顶那块又尖又滑的大石头，其他孩子便排成队给坐上去的孩子磕头。可是，十几个孩子没有一个能受得起别人磕头的，不是刚上去就跌下来，就是坐在上面东倒西歪，没受两个头就坐不住了。

最后轮到了朱重八，只见他找来了一些胡须草，编织在一起，挂在嘴上，权当胡须；又拾了一块破水车板子顶在头上，算是皇帝的平天冠；然后，迈着大步子，一晃一摇地走上“宝座”，一屁股坐在那块又尖又滑的石头上，坐得稳稳当当，就好像坐在太师椅上一样。

孩子们见了，都想：别看这时坐得稳当，一拜你就坐不住了。便排成一长溜，毕恭毕敬地向朱重八磕头。孩子们轮流一连磕了三个头，高呼：“我主万岁！”

头磕完了，抬头看看朱重八，只见他稳稳地坐在那石头上一动不动，挺着胸脯，神气极了。

一拜他没倒，大家又一起跪下，拜第二次，嘴里高呼：“我主万岁！”磕完了头站起一看，朱重八照样纹丝不动，手捋着“胡子”，笑嘻嘻的。

这时那些孩子都吃惊地睁大眼睛看着朱重八，又拜第三次。朱重八还是那样，不但稳当当地坐着没动，就连他头上的那块破水车板也没有掉下来。

三次拜完了，一个小孩不服气地走上前，想把朱重八推下去。朱重八眼尖嘴快，右手朝左手上一拍，说道：“大胆！带下去，杖打五十大棍！”

这一说，孩子们都笑了。有两个孩子真的过去抓住那个小孩的膀子，把他架到一边，另一个小孩一口气跑到一块高粱地里，折了一棵快要成熟的高粱，用那高粱秆轻轻地在那孩子身上打了起来。

有一天，朱重八和伙伴们玩累了。“朝拜”已毕，“将士”们也班师凯旋。他们的“全国”百姓和“朝廷君臣”们都欢腾不已，在山谷中载歌载舞，在田野间与牛羊嬉戏。有“臣奏”曰：“吾皇万岁！眼下天下太平，敢请宰牛杀羊，以示庆祝！”

朱重八一时高兴：“爱卿所奏甚是，准奏！”

“群臣”们听了乐呵呵，两个力气大的娃娃连忙一个箭步，冲向田野，牵过一头花白小牛犊，用放牛绳捆住前后腿，举起砍柴斧头，当头就是几斧子砍下，可怜的小牛犊，当场血溅五步，一命呜呼。

孩子们一拥而上，剥皮割肉，捡柴搭炉，三两个时辰，一头小牛犊就被吃得只剩下一张皮、一堆骨头和一根尾巴了。

这时太阳已经下山，山脚下村子里，袅袅炊烟在半空中飘曳，是该牵牛领羊回家的时刻了。此时，一个八九岁的矮胖小子，蓦然吃惊，笑嘻嘻的脸蛋上唰地掉下了两行眼泪，慌忙中他忘了礼仪，向“皇上”吼叫：“重八哥，你叫他们把我的牛宰了，我怎么回去？”

大家都面面相觑，怎么也想不出主意，谁也没法子去承担罪过。着急呀！埋怨呀！山谷中乱成一团，胆小的、怕事的，趁人不注意，牵着自己的牛，偷偷地溜了。这娄子捅得实在太大，搞不好，统统都得挨揍。怪只怪“皇上”，他怎么出了个馊主意。大家你望我，我望你，眼光都集中到朱重八的身上。

朱重八这时候当然也是心慌意乱，一时拿不定主意，可是，他知道他一定得想出主意，点子是他出的，“皇帝”是他做的，这事儿摆不平，他以后还怎么混？个人挨揍事小，以后别人不把他当“皇上”事大。

朱重八终于想出了法子，他先吩咐两三位身手不凡的“武将”，立刻把溜走的少数人拦截回来，又命令所有人快速清理现场，皮、毛、骨头、火烬、杂草、木柴、树皮等，统统埋到地下。

所有人都到齐，现场恢复原状后，这位“皇上”便宣布说：“我们把牛尾巴插到山上石头缝里，我们一定要异口同声，说是小牛钻进山洞里去了，我们怎么拉也拉不出来，所以我们今天都下山迟了！”

这是情急下的唯一办法，结果果然把大人们骗了过去。朱元璋从此更加被孩子们信任，似乎是当“皇帝”当定了。[①]

寺院行僮

1343年，是多年不遇的旱荒之年，转年开始流行瘟疫。朱重八的父亲朱五四已经六十四岁了，连日吃的糠菜草根树皮使他极度虚弱，病魔首先向他袭来，接着是朱元璋的母亲、大哥和大侄儿。家里没有可吃的东西，也没有药，朱元璋只能在半夜里默祷上苍。然而，四月初六，父亲最终不幸地离开了人世。几天后，大哥重四也死了。到了二十二日，朱重八的母亲陈氏带着对儿子的期望，也抱恨而逝。不到一个月的时间，三位亲人相继离去。这突如其来的打击，令朱重八悲恸万分。他的二哥、三哥为人木讷，而且已经出赘，料理丧葬的事自然落在了他与尚活在世间的哥哥身上。棺材是肯定备不起的，实际上连给死者换的衣服都没有。而且朱家地无一垄，到哪儿去安葬呢？他想到了田主刘德。照理说，田主是应该给佃户一块葬地的，但当朱重八求上门的时候，刘德觉得他没有了依靠，也不指望他给自己种地了，所以不仅没答应，还把朱重八斥骂了一顿。朱元璋

① 此段故事也出自民间传说。

在自撰《皇陵碑》中回忆这段辛酸时写道：“天灾流行，眷属罹殃，皇考终于六十有四，皇妣五十有九而亡，孟兄先死，合家守丧，田主（刘）德不我顾，呼叱昂昂，既不与地，邻里惆怅。”

这时，刘德的哥哥刘继祖看不下去了，表示愿意给朱家拿出一块墓地。第二天，朱重八和哥哥将父母遗体放在两扇捆绑在一起的门板上，抬出去安葬。走到中途，忽然北风骤起，闪电霹雳，风雨大作。朱重八他们在刘继祖的地界上急急地往前赶，在跨过一个沟坎时，门板被绊撞，本有些朽烂的绳索一下断开，门板随即落地，泥水一时冲刷下来，泥土松软坍塌，渐渐堆积。后来，朱元璋想起当初草草埋葬的情形，十分伤心，想重新起坟礼葬，“虑泄山川秀气，使体魄不安，益增悲戚”，便就草葬之地修建起巍峨的皇陵，并口授大意，由大学士危素写了《皇陵碑》。十年之后重修皇陵，再次勾起朱元璋的辛酸，他便一字一泪地自撰了《皇陵碑》，来寄托他对父母的深深怀念。

安葬了亲人，朱重八与哥哥回到家中。哥儿俩空对四壁，想起今后无法谋生，又痛哭起来。哭声惊动了隔壁的汪大娘，她赶来安慰。听说他哥儿俩要去逃荒，就提起当年朱五四曾在皇觉寺许过愿，答应重八舍身为僧的事，劝朱元璋去做和尚，一来还了愿，二来还有口饭吃。朱重八同意了。

皇觉寺坐落在钟离县太平乡东十四五里，虽然规模不是很大，但高高的台基上松柏苍郁，青瓦红墙，也算得上当地一景。它平日香火很盛，但是，今天却十分冷清，不见一个上香的人，连庙门都没有开。朱重八爬上台阶，只见山门的釉彩剥落，山门旁的一副楹联“暮鼓晨钟，惊醒世间名利客；经声佛号，唤回苦海梦迷人”，字迹也有些模糊。出来开门的是一个懒散疲惫的中年僧人，他把汪大娘挡在门外，单独带朱重八进去。朱重八被领在法堂一角，垂首站立。一个年长和尚被请了进来，慢步走向高台椅子上坐定，这就是高彬住持了。依照预先教导，朱重八向前施了礼，其他十几个和尚也都垂首站起。高彬则是双目微闭，手持佛珠，过了好大一会儿，他像是看了朱重八一眼，吩咐一句“去吧”。朱重八就被领出去落了发，换上一件黑色破旧袈裟，又来到法堂前。按照往常规矩，要由住持给“燕顶”，即在头顶上用香烧出疤痕，用来表示偿清一切业障之债、永远解脱一切烦恼的决心，所谓“无始宿债一时酬毕，长揖世间永脱诸漏”。今天法仪草率，一切都从简了。在高彬住持严肃而刻板地宣告十诫后，朱重八就算是受过十诫的小沙弥了。

朱重八成了皇觉寺的一名行僮。所谓行僮，就是寺庙中的僮仆，每天要干许多杂活，如打扫寺院、劈柴、上香、点烛，还经常“值班”报点。寺院规矩，每日清晨寅时，“值班”的僮仆击打木板四下，提醒全寺僧人起床，到大殿里上早课。这时，当值僮仆负责敲木鱼、钟鼓。在众僧进早餐、坐禅、行香、用午膳、上晚课时，都由当值僮仆报点，十分辛苦。佛门很讲究论资排辈，叫“先入山门者为大”。朱重八进寺晚，资历浅，自然要受老和尚们的气，干一些最累最脏的活儿。众僧晚课的最后一项内容，是到伽蓝堂向寺院的守护神伽蓝祝诵。这里最脏，常常由朱重八负责打扫。有一次，他干活干累了，不留神被伽蓝神像绊了个跟头。他爬起来，觉得没地方出气，就用扫帚把伽蓝神狠揍了一顿。这件事后来被高彬住持知道了，他觉得这个小行僮不驯服，心里有了成见。

钟离县的旱情没有扭转的迹象，十一月初，高彬告诉徒儿们，寺内罢粥，要他们各寻生路。这时，朱元璋入寺才五十天，经文都没念上一卷，各种杂活倒做了不少。朱元璋后来说，他在皇觉寺做了五十天行僮。

这是朱重八第一次离家远游。他还是个孩子，一个被春花秋月、阳光雨露遗弃了的孩子。

朱重八离开皇觉寺，随心所欲，云游四海，只要听说哪里的饭好要，他就往哪里去。爱走多远就走多远，爱走多久就走多久，无牵无挂。从这时到至正七年（1347年），朱重八的足迹几乎踏遍了河南南部的山山水水，而更多地活动在汝宁府光山、固始、息县、确山、汝阳、颍州一带。朱重八曾沿着大别山脚一直西行，他后来形容此行的情况说："仰穹崖崔嵬而倚碧，听猿啼夜月而凄凉。魂悠悠而觅父母无有，志落喙而佚佯。"也实在是受尽了山路崎岖的凄清与孤苦。几年来的流浪生活，使他尝尽了人世的辛酸，看到了各地百姓普遍的困苦，熟知了这一带的山川地理、风俗人情，见了世面，开阔了眼界，增长了各方面的知识，同时也锻炼了体魄。更重要的是，在朱重八的云游中，所到之处，正是彭莹玉秘密传教的地方，红巾军起义星火燎原。同是出家人，朱重八虽没有见过彭和尚，却与彭和尚的门下徒弟相接触。因此，他接受了明教的思想，自然也就加入了秘密组织。

1348年，朱重八二十岁。他结束了四年的流浪生涯，十二月底，返回皇觉寺。高彬住持及师兄都对他表示热烈的欢迎，朱重八决心继续留在寺里。

从至正八年（1348年）到至正十一年（1351年），朱重八一直生活在皇觉寺。他学习了许多知识，诵经，打坐，化布施，做道场，外加清扫、上香、劈柴、担水、读书、识字等。白天清斋几碗，晚间香甜一觉，倒也不紧不缓，自由自在，木鱼声、钟鼓声、诵经声终日不断。世态的嬗变没有给皇觉寺带来任何变化，可事实上，外部的世界已经剧烈地躁动起来了。表面看来，朱元璋和走出皇觉寺时一样，一顶破箬帽，一个木鱼儿，一个瓦钵。实质上，他已不是当年的小沙弥了。他要以皇觉寺为栖身之地，立志"勤学"，刻苦读书，练习武功，结交天下豪杰，准备干一番大事业了。

第二章 闯荡天涯

踌躇满志

1351年，江淮流域各地区的农民，一色短衣草鞋，头包红巾，擎着鲜红的大旗，扛着竹竿锄头，长枪板斧，杀官僚，占城邑，开仓散粮食，破牢放囚犯，自立名号，敲响了元政权的丧钟，这就是历史上有名的红巾起义。

红巾军的队伍到处都是，著名的有以下几系：

东系红巾军是在颍州发动的，头目是韩林儿、刘福通、杜遵道，他们占领了元朝的米仓河南光州固始，开仓散米，一下子就发展到几十万人，又攻下汝宁、光州、息州、信阳；芝麻李（李二）的队伍控制了徐州和附近各县，以及宿州、五河、虹县、丰县、沛县、灵璧，南边到了安丰、濠州、泗州。

西系起于湖北蕲春、黄冈，由彭莹玉和尚组织，推徐寿辉做头目，连续攻下湖北德安、沔阳、安陆、武昌、江陵和江西九江、南昌诸府。

起于湘水汉水流域的，推布王三、孟海马为头目：布王三的队伍叫北系红巾军，占领了河南唐河、邓县、南阳、嵩县、汝州、河南府；孟海马率领南系红巾军，占领了湖北均县、房县、襄阳荆门、归峡。

这几支起义军都打着明王出世、弥勒佛降生的旗帜，前后不过几个月工夫，东边从淮水流域，西边到汉水流域，漫山遍野、农田乡村到处插满了红旗，像腰斩似的把大元帝国拦腰切作两段。

元廷此时的确已经腐朽了，没落了，它已经走到死亡的边缘，再也经不起农民起义军雷霆万钧的打击了。

就在一帮农民叱咤风云打天下的时候，朱重八还在皇觉寺里修行。

当然，朱重八在寺里也过得不宁静，来寺里进香拜佛的人接连不断地给他带来外边世界的消息：前些日子红巾军占了襄阳，元兵死了不少；另一支占了南康，元兵不战而逃；芝麻李、赵社长等八个人打扮成挑河夫，一晚上占了徐州，等等。

说的人津津有味，听的人心花怒放。

那时红巾军檄文贴得到处都是，指斥元廷罪状最能打动人心的话是“贫极江南，富夸塞北”。朱重八由此心想，可不是吗？种庄稼的一年到头劳碌辛苦，收了粮食，却吃草根树皮！什么好东西，粮食布帛，珍宝财富，都给刮空了运到北边！种庄稼的为什么穷？为什么苦？为什么一辈辈受煎熬呢？

朱重八从记事起，就清楚祖父是怎么过日子的，父母和哥哥是怎么死的。以前只怪穷人命苦，这两句话却明确指出穷、苦、辈辈受煎熬的原因，敌人是谁，现在明白了。如要活命，就得改变这个局面，把吃人的朝廷推翻。

隔了几日，朱重八又听说徐寿辉已在蕲水建都，自己做了皇帝，国号天完，年号治平，拜普胜做太师，彭莹玉和尚、项奴儿带的一支军队已进入江西。元兵到处打败仗，好容易调了六千阿速军和几支汉军来进攻颍上的红巾军，阿速军素来精悍，擅长骑射，只是纪律不好，到处抢劫。几个将军喝酒玩女人，昏头昏脑，刚和红巾军对阵，望见红巾军阵势强大，便吓得浑身直发抖，主将急急扬鞭勒马往后跑，嘴里连叫：“阿卜！阿卜！”

阿卜是走的意思，全军立刻退却，红巾军往前直冲，元兵一败涂地。

淮东、淮西两边的人把这一仗当作笑话，无人不晓。又听说脱脱调其弟御史大夫也先帖木儿为知枢密院事，统三十万大军收复汝宁，一支前锋部队几万人屯在汝宁沙河岸边，将军们白天黑夜沉溺酒色，都醉倒了，红巾军黑夜偷营，元军大败，大将也不见了，第二天才在死人堆里找到尸首，元兵一溃退就是几百里。也先帖木儿亲自统军，才到汝宁城下，尚未交锋，见红巾军势盛，便跃马后退，地方官急了，挽住马不放，也先帖木儿更急，拔刀便砍，叫道："我的命也是性命！"飞马先逃，三十万大军跟着溃散，军资器械全数丢光。也先帖木儿只剩下万把人，踉踉跄跄溜回大都，仗着哥哥是丞相，不但没有受到罪责，还依旧做御史大夫。

至正十二年（1352年）二月，朱重八又听说濠州也给红巾军占了，头目是郭子兴、孙德崖和姓俞、姓曾、姓潘的一伙人，共五个头领。

讲的人说得有鼻子有眼，朱重八听得浑身发热。

郭子兴是定远县（今安徽定远）有名的土豪，原是曹州（今山东菏泽）人。他父亲到定远卖卦相命，有一家地主的瞎女儿，嫁不出去，他父亲娶了，得了一份财产，生下三个儿子，郭子兴是老二。兄弟几个都会盘算生意，贱时买进，贵时卖出，买田地，开店铺，一二十年间居然成了地方上数一数二的地主了。

只是有一件懊恼事，门户低微，靠不上大官府，三天两头受地方官作践。地方上派捐款，出民兵钱，供应粮秣，总是头一户，连马快弓手也成天上门要这要那，稍不遂意，就瞪眼睛、拍桌子，好歹得花些钱打发。

郭子兴实在气愤不过，便入了弥勒教，索性使钱交结宾客，结纳江湖好汉，焚香密会，盘算有朝一日，要出这口气。红巾军大起义以后，钟离、定远的农民，背上锄头镐耙，一哄就会合起万数来人，地方官平时只会要钱，这时却一点办法也没有了，装不知道，惹不起，也犯不着多事。二月二十七日，郭子兴带了几千人，趁黑夜，里应外合，偷入濠州，半夜里一声号炮，闯入州官衙门，杀了州官。此前郭子兴已与刘福通接触过，得过小明王韩林儿的号令，此时濠州城里的五个起义军头目都称濠州节制元帅。

郭子兴画像

元军前来镇压，元将彻里不花离濠州城南三十里扎营，怕红巾军厉害，不敢攻城；却派兵到各村庄骚扰，捉了壮丁，给包上红布，算是俘虏，向上官报功请赏。老百姓给元兵害苦了，村子里再也存不住身，便呼亲唤旧，鱼贯入城，濠州声势越发壮大。

朱重八盘算了又盘算，心想眼下大概就是出头的时候了。

只有一条路：投奔濠州。

但是，又听人说起，城里五个元帅各做主张，谁也不服谁，甚不和睦，跟着他们走，怕有风险，去不得。留在寺里呢，迟早给官军捆去领赏，说不定脑袋都保不住，寺里看来也留不得。想了又想，委实决断不下。

一天，有人从濠州捎来一封信，是儿时玩伴汤和写的，他已经带了十几个壮士投奔红巾军，并且积下大功做了九夫长，催他快来入伍。朱重八背着人读了，越发满腹心事，在大殿上踱过来，踱过去，以口问心，以心问口，反复思忖，把信就着长明灯烧了，但还是下不了决心。

又过了几天，同房的师兄偷偷告诉他，前日那信有人知道了，要向官军告发，催他赶紧逃走。朱重八急得没有办法，跑到村子里找着刚从外乡回来的儿时好友周德兴，向他讨一个主意。

周德兴也没主意，寻思了好半晌才说，看样子只有投奔红巾军才能活命，劝他向菩萨讨一个卦，再决定去留。

朱重八心头忐忑不安，慢慢踱回寺里，还不到山门，就嗅到一股烟焰气味，大吃一惊，飞奔进去，只见东一堆瓦石，西一堆冒烟的梁柱，大殿只剩下半边，僧房斋堂全烧光了，只剩下伽蓝殿，隔着一片空地还完整。满院子堆着马粪、破衲衣、烂家具，众僧星散，不知去向，冷清清只剩下几尊搬不动烧不烂的铜菩萨。

原来是元军以为僧寺里供着弥勒佛，红巾军念弥勒佛号，怕和尚为红巾军做间谍，便把附近的寺庙都抢光烧光了，这一天轮到皇觉寺。

朱重八发了一阵呆，知道寺里再也停留不得了，但何去何从，仍然一时不知如何是好。

想了一会儿，朱重八觉得今天也实在没有一个可与计议的人了，不如到伽蓝殿中，问个终生的凶吉，料想神明也有分晓。

于是踱到伽蓝殿来，却有经卦在侧，朱重八一一诉出心事，问说："如我仍云游在外，另有好处，别创个庵院，神你就还我三个阴卦；如我不戴禅冠，另作主意，将就做得个财主，可还我三个阳卦；如我趁此天下扰乱，去投奔他人，能授得一官半职，可还我三个圣卦。"

许愿罢，朱重八将卦望空掷下，却见那卦仰立不倒，三次都立着在地。朱重八暗暗欢喜，但仍不放心，又向神祷告说："今我三样祷告，神明一件也不依，难道还要我做皇帝不成？如我果真有此福分，神明可再还我三个立卦。"

望空再掷，只见果然三个立卦。

朱重八就又祷告说："这福分非同小可，且无一人帮扶，赤手空拳，如何图得大事？倘或做不成，落个砍头，倒不如做一个愚夫农民。再告神明，以示万全。如果我此去投濠州郭子兴，能帮我成就大事业，当再是三个立卦。”

哪知掷下去，果然还是三个立卦。

朱重八深深叩了三个响头，谢了大恩，心里许下宏愿说：“我若此去，一如神鉴，成得大业，我当重整庙宇，再塑金身。”①

第二天一大早，朱重八简单地收拾一下自己的东西，用一个青布扎着，投濠州（凤阳）县城里的红巾军去了。

这一年，朱元璋二十四岁。

这一去，朱重八果然闯出了一番轰轰烈烈的大事业来。

初露锋芒

至正十二年（1352年）闰三月初一，朱重八到了濠州城下。这时元军仍在濠州附近，虽然没有动作，但红巾军还是不敢大意，城墙上布满警戒部队，弓满弦，刀出鞘，巡逻哨探的川流不息。城门的守兵挡住一个丑和尚，只见他穿得极破烂，头裹红巾，堂堂皇皇走进来，毫不害怕。盘问来踪去路，却只说来见郭元帅，便无别话，不由得起了疑心，以为是元军的奸细。三言两语，就闹翻了，不由分说，一索子捆了，派人报告郭元帅，请令行刑。郭子兴一想很怪，若是奸细，怎能这般从容？口说求见，许是来投奔的好汉，不要枉杀了好人。于是他骑一匹快马，赶到城门，远远看

① 此处故事出自民间传说。

见四五十个兵围着，人头攒动，指手画脚在呵斥。他连忙喝退众兵，只见一个躯干修伟、长得极怪的丑和尚，被五花大绑，捆在拴马桩上。这和尚相貌虽不整齐，但看着有一种威严的神采，虽被绑着等杀头，但并不害怕求饶，眼睛里充满着火气，脸上的肌肉痉挛，显示了他的愤恨。郭子兴心里已有点喜欢，下马上前问明底细，喊人松开绑，收其为步卒。就这样，朱重八入了伍，参见了队长，逐日跟弟兄们上操，练武艺。他体格好，记性又强，不到半个月已是队里顶尖的角色，几次出城哨探，镇定自若，计谋多，有决断，同队的都听他调度。朱重八每次出去，总是立了功，不损伤一人一卒，让人喜欢得连队长也遇事和他商量了。不知不觉过了两个多月。一日，郭子兴带了亲兵出来巡察，经过朱重八的营房，全队排成一字向主帅行礼，朱重八个子高大，恰好排在队头。郭子兴见了，记起那天的事，唤队长问这投效的心地和能耐如何。队长极口说好，夸是千中选一的人才。郭子兴也觉得喜欢，就吩咐升朱重八做亲兵十夫长，调回帅府当差。

朱重八遇事小心勤快，却又敢作敢为，得了命令，执行很快，办理得好。打起仗来，朱重八总是领头向前，一定打胜仗，达成预期的战果。得到战利品，不管是衣服，是银子，是牲口粮食，总是悉数献给元帅。得到赏赐，又推说功劳是大家的，公公平平分给同伴的战友。说话不多，句句有斤两，又认得一些字，虽不甚通，一有文墨上的事情，譬如元帅的命令，杜遵道、刘福通的文告，乃至战友们的书信，伙伴总找他解说。几个月后，不但在军中有了好名誉，勇敢、能干、大方、有见识、讲义气，一大堆好话算在名下，甚至连郭子兴也将他看作心腹，逐渐言听计从了。

郭子兴的二夫人张氏，抚养了一个孤女，原是郭子兴的老友马公临死时托付的，已经成年，甚是贤德。郭子兴爱重朱重八，和张夫人商量招赘做上门女婿。张夫人也听说朱重八才能出众，郭子兴勇猛憨直，和同事合不来，身边得有个细心能干的体己人帮着些，一力撺掇，就择日替两口子成婚。朱重八做了元帅娇客，前程多了一层靠山，更何况是元帅主婚，自然满口应承。从此军中就改称朱重八为朱公子，有了身份了，起一个官名叫朱元璋，字国瑞。

孙德崖一伙四个元帅，都是粗人，说话做事没板没眼，处得日子久了，郭子兴有些看不上眼，商量事情也没有好声气，两下面和心不和。孙德崖一边人多嘴杂，闹了几次，郭子兴索性闲在家里，不和他们照面，勉强三五日见面一次，也是话不投机半句多。有时候没等郭子兴来，事情办了也不通知，郭子兴越发不快，憋了一肚子气要发作。本来五个元帅一样大，谁也管不了谁，谁也不服谁，齐心还好办事，一闹别扭，各自发号施令，没有个通盘的调度。占了濠州大半年了，各人只管带领部下，向四乡要粮要牲口，竟不能出濠州一步。郭子兴几次拿话开导，无人理睬，越想越气闷，也就心灰意懒了。朱元璋看出情势不妙，借个方便劝郭子兴打起精神，照常和四帅会商办事，假如老闲在私宅，他们四帅合起来，对付一个，这个亏吃了可没处说。郭子兴听了，勉强出去三四日，却又闹脾气了。两边的感情越来越坏，都怕对方下毒手，又在盘算如何收拾人。朱元璋劝不动郭子兴，背地里向孙德崖说好话，着意联络，以免决裂。

九月间，元相脱脱统番、汉兵数十万攻徐州，招募当地监丁和娇勇健儿三万人，黄衣黄巾帽，号为黄军。大军在后，督令黄军攻城，一口气把徐州攻下，见人便杀，见屋便烧，芝麻李落荒逃走，被元兵逮住杀害了，部下彭大、赵均用率领残兵投奔濠州。徐州、濠州都是红巾军，原是一家人，徐州的兵多，占的地方也大，到了濠州以后，竟反客为主，濠州五帅倒要听客人的调度了。彭大有见识，也懂事，和郭子兴相处得很好。孙德崖怕吃亏，使手段拉拢赵均用，两边明争暗斗，心里都不服气。孙德崖又用话来挑拨赵均用，说郭子兴眼皮浅，只认得彭将军，百般趋奉，对将军却白眼相待，瞧不起人。赵均用大怒，带领亲兵径来火并[1]，冷不防把郭子兴俘虏了，带到孙家，锁闭在一间空房子里。这时朱元璋正好出差，得信奔回，郭家大小正在忙乱，要派兵抢救，他连忙止住，叫出郭子兴二子郭天叙、郭天爵去找彭大。彭大听了，勃然大怒说：他们太胡闹了，有我在，谁敢害你元帅！即时喊左右点兵，朱元璋也戴盔披甲，团团围住孙家，掀开屋瓦，救出郭子兴。只见郭子兴项戴木枷，脚戴铁铐，浑身被打得稀烂。朱元璋当下打开枷锁，将郭子兴背回私宅。赵均用知道彭大出头，怕伤了和气，隐忍着了事。

脱脱趁着连下徐州、汝宁的兵威，分兵派贾鲁追击彭大、赵均用，进围濠州。大敌当头，红巾军的头脑们才着了慌，大家和好，一心一意地坚守城池。朱元璋深得军心，成天成夜在城墙上指挥防守，从这年冬天一直到第二年（1353年）春天，整整被围了五个月，幸得城池坚固，粮食丰足，没有出事。一日元将贾鲁病死，元军围疲了，料着再打下去也不见得有把握，兼之军无斗志，只好解围他去。围虽解了，但红巾军也折损了不少人马，吃了大亏。

彭大、赵均用兴高采烈，彭大自称鲁淮王，赵均用自称永义王，做起王爷来了，郭子兴和孙德崖五人仍然是元帅。

---

① 火并：古代指同伙自相残杀、并吞。

羽翼渐丰

濠州经过长期围攻，不但粮秣缺乏，兵力也衰减得多。朱元璋想办法弄了些盐，到怀远换了几十石米，献给郭子兴。细想二王和诸帅，胸襟太窄，眼光太短，怕成不了什么气候，要做一番事业，得自己有队伍，才有力量。打定主意，请准了假，回到钟离，竖起招兵大旗。少年伙伴徐达、汤和等几十个人，听说朱元璋做了红巾军头目，都来投效。不过十天工夫，就招募了七百人。郭子兴大喜，至正十三年（1353年）六月，派朱元璋做镇抚。从此，朱元璋一跃成为带兵官了，一年后，又以军功升作总官。

彭赵二王管军无纪律，随便做坏事，不听劝，也不悔改，郭子兴又兵力单弱，做不了主张。朱元璋认为一起混下去，会出问题，不如自己单枪匹马，向外找出路，于是把新兵交代了，禀准了主将，带领贴身伙伴徐达、汤和等二十四人，南游定远。他们使计策，招降了张家堡驴牌寨三千民兵。半夜里向东袭击元将张知院，收降民兵男女七万口，挑拣得二万壮士，成为浩浩荡荡的一支队伍。用朱元璋自己的话来形容，真是“赤帜蔽野而盈冈”。

朱元璋得到大量的生力军，立刻重新编制，加紧训练。他最看重纪律，在检阅新军时，特别指出这一点，他恳切地训诫将士说：“你们原来是很大的部队，可是毫不费事就到我这边来了，原因在哪里呢？一是将官没有纪律，二是士卒缺乏训练。现在我们得建立严格的纪律，做到严格训练，才能建功立业，这样大家才有好处。”三军听了，无不欢喜。

定远人冯国用、冯国胜两兄弟，原来是地主，天下大乱后，团结地方上的佃户和乡民，建立堡砦自卫，听说朱元璋军队的纪律不错，带领部队来投效。朱元璋端详这两兄弟，装束很像读书人，行动说话都和一般老百姓不同，就问如今该怎么办。冯国用以为建康（元集庆路，今南京）这地方，形势极好，书上有“龙盘虎踞”的说法，是多少代帝王的都城，先占了这地方做根本，站稳了再逐步发展，扩充地盘，不贪子女玉帛，多做好事，得到人民的支持，建功立业不是难事。朱元璋听了极高兴，留下他们做幕府参谋，把两家部队合并编制，南下攻滁州（今安徽滁州）。

在进军滁州的路上，定远人李善长到军门求见。李善长头脑清楚，有智谋，善于料事，学的是法家的学问，和朱元璋谈得极为投机。朱元璋问什么时候才能太平呢？李善长劝他学汉高祖，因为汉高祖也是平民出身的，气量大，看得远，也看得宽，会用人，又不乱杀人，几年工夫，便平了天下。元廷政治一团糟，已到了土崩瓦解的地步，濠州和沛县相去不远，如能学学这位同乡，天下太平也就快了。朱元璋连声叫好，留下他做掌书记，同时嘱咐：“如今群雄四起，天下糜烂，仗要打好，要紧的是参谋人才。我看群雄中，掌书记和做参谋的幕僚，总说将士的坏话，将士无法施展，自然打不了胜仗。你要做一个桥梁，调和将士和主将，不要学他们的样。”从这时候起，朱元璋心目中时时有个老百姓出身做皇帝的同乡在，说话、办事、打仗，事事都尽心学习。李善长呢，也一心一意沟通将士和主将，传达将士们的意见，尽心尽力，提拔有能力和有功的，让大家能安心做事。

滁州守军力量单弱，朱元璋的前锋黑将军花云单骑冲破敌阵，战鼓打得震天响，大军跟着推进，霎时便占领了这所名城。朱元璋亲侄文正、姐夫李贞得到消息后带着外甥保儿（后改名文忠），奔来投靠，才知道二哥三哥也已去世了。大家哭了一场，又伤心又欢喜，伤心的是一家人只剩了这几口，欢喜的是这样乱世，还能团聚：“一时会聚如再生，牵衣诉昔以难当。”定远人沐英父母都已去世，孤苦可怜。朱元璋把这三个孩子都收养做义子，改姓为朱。原来收养义子是当时流行的风气，带兵的将领要培养心腹干部人才，喜欢收养俊秀勇猛的青年，不但打仗时肯拼命，在要紧关头，还可用来监视诸将。沐英在军中称为周舍，又叫沐舍，舍是舍人简称（文武官员的儿子叫舍人）。朱元璋义子除文正、文忠、沐英以外，还有二十几个。后来所占城池，专用义子做心腹和将官同守，如得镇江用周舍，得宣州用道舍，得徽州用王驸马，得严州用保儿，得婺州用马儿，得处州用柴舍、真童，得徽州用金刚奴、也先，此外还有买驴、泼儿、老儿、朱文逊等人。柴舍即朱文刚，在处州死难；道舍即何文辉；马儿即徐司马；保儿即平安；朱文逊小名失传，在太平阵亡；王驸马、真童、金刚奴、也先、买驴、泼儿、老儿，他们的姓名可惜都失传了。至正十八年（1358年）胡大海、李文忠占领严州后，两人闹意见不和，朱元璋批示帐前都指挥使司首领郭彦仁，派他说和两人说：“保指挥我之亲男，胡大海我之心腹，前者曾闻二人不和。且保指挥我亲身也，胡院判（大海官衔枢密院判官的简称）即我心腹也。身包其心，心得其安；心若定，身自然而定。汝必于我男处丁宁说知，将胡院判以真心待之，节制以守之，使我之所图易成，只此。”李文忠代表朱元璋亲身监视大将胡大海，并有节制之权，这个例子说明了义子的作用，也说明了朱元璋对大将不放心的情形。

单是用义子监视，还怕诸将靠不住，另一个办法是留将士的家眷做抵押，这法子在刚渡江时便实行了。朱元璋统兵取集庆，马夫人和诸将家属留在和州（今安徽和县），到取下集庆以后定下规矩：“与我取城子的总兵官，妻子俱要在京住坐，不许搬取出外。”“将官正妻留于京城居住，听于外处娶妾。”规定极严格。将官顾虑妻子安全，自然不敢投敌以致反叛，平时征调差遣，也不敢不听话了。

此外，他还提防将官和读书人勾结，规定：“所克城池，令将官守之，勿令儒者在左右议论古今。止设一吏，管办文书，有差失，罪独坐吏。”凡是元廷官吏和儒士，都要由朝廷选用，逃者处死，不许将官擅用。这是因为读书人习惯谈今说古，拿历史上的事情和现今一比，将官省悟了难免生是非，左思右想，不是好事。

当朱元璋进攻滁州时，濠州的红巾军主力由彭大、赵均用率领，攻下了盱眙泗州，两人性情不合，为郭子兴的事结下怨，竟闹翻了。赵均用和孙德崖四个合成一气，彭大抵不过，事事不称心，手下得力的人，也逐渐被赵均用收买过去，气闷不过，发病死了。彭大的儿子接着称鲁淮王，年轻，比赵均用矮一辈，又会敷衍说好话，赵均用没把他看在眼里，倒也相安无事。接着，郭子兴代替了彭大做出气孔，左也不对，右也不对，做一件事、说一句话都被挑眼。几次借题目要害郭子兴，碍着朱元璋在滁州有几万人的部队怕坏事，于是出主意下令牌调朱元璋来守盱眙，一箭双雕，一窝子收拾掉。朱元璋明白这道理，委婉地推辞移防，说有军事情报，部队动不得。又使钱买通王府的人，拿话劝赵均用，不要听小人挑拨，自剪羽翼，惹人笑话，万一火并了，他部下不服，也不得安稳。针锋相对，赵均用摆布不得。原来出主意的人又劝赵均用好好地待郭子兴，让他出气力占地方，保疆土。成天有人说话求情，赵均用软了，竟放郭子兴带原来人马一万多人回滁州。朱元璋把兵权交出，三万多兵强马壮的队伍，旗帜鲜明，军容整肃，郭子兴大喜。

至正十四年（1354年）十一月，元丞相脱脱统兵大败张士诚于高邮，分兵围六合。

张士诚，小字九四，泰州白驹场人，和弟张士义、张士德、张士信一家子都靠运官盐贩私盐过活。贩私盐赚大钱，和伙伴们大碗喝酒、大块吃肉，吆五喝六，过得极舒服，入伙的人日渐增多，都听张士诚调度。贩私盐是犯法的，常时卖盐给大户，大户吃住是私货，不但说闲话挖苦，有时还赖着不给钱，弓兵邱义尤其作践他们。张士诚气愤不过，趁天下大乱，带着兄弟和李伯升、潘原明、吕珍等十八壮士，杀了邱义和仇家大户们，一把火烧了房子，招兵买马，攻下泰州高邮，占了三十六盐场，自称诚王，国号大周，改年号为天祐，这是至正十四年五月间的事。

元兵围六合，六合主将到郭子兴处求救。六合在滁州东面，万一失守，下一个被攻击的目标便是滁州，要保滁州，就非守住六合不可。郭子兴和六合主将有仇恨，朱元璋费尽唇舌才说服了他们化干戈为玉帛。元兵号称百万，无人敢去，推称求神不许，朱元璋只好讨了令箭，统兵出救。元兵排山倒海似的进攻，滁州城防工事全被摧毁，朱元璋率兵拼死地抵住，赶修了堡垒，但又给打平了，眼看守不住，只好把六合的老弱妇孺掩护撤退到滁州。元兵乘胜进攻，朱元璋在中途埋伏，打了一个胜仗，得到好多马匹，却顾虑到孤城无援，元兵如添兵包围，不困死也得饿死，于是忍气派地方父老把马匹送还，哀求说全是良民，不敢造反，团结守护是为了自卫，情愿供给大军军需给养，请并力去打高邮，饶饶老百姓。元兵信以为真，引兵他去，滁州算是保全了。

元兵一退，郭子兴高兴极了，打主意要在滁州称王。朱元璋劝说："滁州山城，交通不便，形势不好，一称王目标大了，元兵再来怕保不住。"郭子兴才放弃了称王的念头。脱脱大军全力攻高邮，城中支持不住，想投降又怕朝廷不肯赦罪，正在两难间，外城又被攻破了，张士诚急得团团转，准备城破时突围。突然元顺帝颁下诏旨，责备脱脱，说他："往年征徐州，仅复一城，不久又丢掉了。这次再当统帅，劳师费财，过了三个月，还无功效。可削去兵柄，安置淮安路，弟御史大夫也先帖木儿安置宁夏路。如胆敢不接受命令，即时处死。"宣读后全军愤恨大哭，一时四散，大部分投到红巾军，红巾军越发强大。张士诚趁机出击，不但转危为安，而且从此基础稳固，再也不能动摇了。

脱脱奉命交出兵权，被押送西行，死于吐蕃境上。元廷唯一有作为、有威名的大将一死，元廷的命运也就决定了。

这一变化，简单说起来，是个人的倾轧，政权的争夺。脱脱忠于元廷，元顺帝也极信任他，付以军政大权。徐州平定后，脱脱威权日盛，元顺帝也以为天下太平了，该好好享乐。奸臣哈麻巴结皇帝，背地介绍西天僧，西天僧会房中运气之术，能使人身之气，或消或涨，或伸或缩，号“演揲儿法”，也叫秘密佛法，多修法。顺帝大喜，封其为司徒大元国师。国师又荐了十个会这佛法的皇亲贵族，叫作十倚纳，里边有皇舅和皇弟。上都穆清阁连延数百间，千门万户，朝朝宴会，夜夜笙歌，君臣都玩昏了。哈麻忌脱脱正派，挑唆顺帝，将他挤出去统兵打仗。又怕脱脱功成回朝，多管闲事，当脱脱全军苦战，正要成功时，哈麻又使人弹劾他劳师费财，罢其兵权，还不甘心，索性把他毒死。顺帝糊里糊涂，也有些忌惮脱脱，哈麻如此安排，正中下怀，毫不犹豫。

脱脱使心眼挤走伯父伯颜，但在对汉人、南人的看法这一点上，却和伯颜一样。当红巾军初起时凡议军事，不许汉人、南人参与。有一次脱脱进内廷奏章，中书官（中书省的属官，相当于现在的机要秘书）两人照例随后跟来，因为这两人是汉人，被禁卫喝住，不许入内。又上奏本说，如今河南汉人反，该出布告，一概剿捕汉人；诸蒙古人、色目人犯罪贬谪在外的，都召回来，免得叫汉人杀害。这榜文一出，不但河南，连河北的汉人也不得不参加红巾军，来保全自己的性命了。红巾军声势，因之日益浩大。

脱脱死后，元顺帝越发肆无忌惮。这时东南产米区常州、平江（苏州）、湖州（浙江吴兴）一带都被张士诚占领，浙东沿海地区被方国珍占领，往北运河线在红巾军控制下，海运和内河运输线全被切断。另一补给区湖广中书省也早已失守，南方的粮食不能北运，大都的百万军民，立刻缺粮闹饥荒。加上中原连年闹蝗灾、旱灾、兵灾，大都每天饿死的军民有成千上万，又闹瘟疫。在这样的境况中，元顺帝却在内苑造龙舟，亲自打图样，长一百二十尺，宽二十尺。前瓦帘棚、穿廊、两暖阁，后五殿楼子，龙身并殿宇，用五彩金装，前有两爪，水手二十四人，身衣紫衫，金荔枝带，四个戴头巾，于船两旁下各执篙。从后宫到前宫山下海子内往来游戏，驶动时龙的头眼口爪尾都跟着动。内有机关，龙爪自会拨水。顺帝每登龙舟，用盛妆彩女，两岸牵挽。又自制宫漏，高六七尺，宽三四尺，造木为柜，阴藏诸壶具中，运水上下。柜上有西方三圣殿，柜腰立玉女捧时刻筹，到时候自然浮水而上。左右站两金甲神，一悬钟，一悬钲，到夜金甲神会按时敲打，不差分毫。当钟钲敲响时，两旁的狮子凤凰会飞舞配合。柜的东西面有日月宫，飞仙六人在宫前，到子午时飞仙排队度仙桥到三圣殿，又退回原处。精巧准确，的确是空前的制品。元顺帝又喜好建筑，自画屋样。爱造宫殿模型，高尺余，栋梁楹槛，样样具备。匠人按式仿造，京师人叫作鲁班天子。内侍们想弄些新殿的金珠装饰，一造好就批评不够漂亮，比某家的还差，马上拆毁重造，内侍们都发了财。成天搞这样，修那样，政事也懒得管了；成天游船摆酒，打仗的事也不在意了。还想出新办法，宫女十六人按乐起舞，名为“十六天魔舞”，打扮新奇，头垂发数辫，戴象牙佛冠，身被璎珞，着大红销金长短裙，金杂袄，云肩合袖天衣，绶带鞋袜，唱金字经，舞雁儿舞，各执加巴刺盘之器，内一人执铃杵奏乐。又宫女十一人练槌髻勒帕常服，或用唐帽窄衫，所奏乐用龙笛头管小鼓筝篆琵琶笙胡琴响板拍板，以宦者管领，遇宫中赞佛，按舞奏乐。宫官除受秘密戒的以外不得参领。照旧例五天一移宫，还觉得不畅快，在宫中掘地道，随时往来，和十倚纳一起，以昼作夜，行大喜乐法，跟天魔舞女混成一团。国库的存粮全运到女宠家里，百官俸禄只好折支[①]一点茶纸杂物，宫里充满了歌舞升平的气象。

滁州在战乱后，突然增加几万大军，粮食不够吃，军心恐慌。朱元璋建议南取和州（今安徽和县），移兵就食。虹县人胡大海长身铁面，智力过人，带全家来归附，被用作前锋。至正十五年（1355年）正月，郭子兴得到占领和州的捷报，派朱元璋做总兵官镇守。

朱元璋在郭子兴诸将中，名位不高，年纪又轻，奉命总兵，怕诸将不服。寻思了半天，想出主意。原来诸将会议军事，大厅上排有公座，按官位年龄就座，前一晚朱元璋叫人把公座撤去，只摆一排木凳子。次日五更，诸将先到，当时座位以右首为尊，朱元璋后到，一看只留下左末一席，于是不作声坐下。到谈论公事时，诸将单会冲锋陷阵，杀人放火，要判断敌情，决定大事，却一句话也说不出来，像木偶般面面相觑。朱元璋随事提出办法，合情合理，有分寸，又会说话，诸将才稍稍心服。末后议定分工修理城池，各人认定地位丈尺，限三天完工。到期会同诸将查看工程，只有朱元璋认定的一段做完，其余诸将的全未修好。朱元璋放下脸，面南坐下，拿出郭子兴檄文，对诸将说："奉主帅令总兵，责任重大。修城要事，原先各人认定，竟不齐心，如何能办事？从今说明白，再有不遵命令的，军法从事，可顾不得情分了！"一来确是郭子兴的令牌，和州军事由朱元璋做主；二来也确是自己不争气，误了军机，诸将作声不得，只好谢罪求饶。虽然如此，还仗着是郭子兴的老部下，面子上认输，肚子里仍然叽叽咕咕，只有汤和小心谨慎，最听话服从。李善长从旁调和，左劝右说，朱元璋的地位才算稳定。这样，朱元璋又从总管成为总兵官，从带领几千人的小军官变成镇守一方的将军了。

---

① 折支：是指以物资替代现金来发放俸钱。

一天，朱元璋外出，有一小儿在路旁独自啼哭。朱元璋问，你父亲呢？说是与官人喂马。母亲呢？也在官人处。原来红巾军攻破城池，各将领大抢一顿之后，又把满城男妇掳获，闹得老百姓妻离子散，家破人亡。朱元璋召集诸将，说明“大军从滁州来此，人皆只身，并无妻小。今城破，凡有所得妇人女子，惟无夫未嫁者许之，有夫妇人不许擅有”。第二天全城妇女男子都从军营里放出，在衙前会齐，让他们自己认亲。一时夫认妻、妻认夫、子认父、父认女，闹哄哄挤成一团，有哭的，有笑的，有先哭后笑的，也有又哭又笑的，一时间有多少家庭团圆，也有多少孤儿寡妇在啜泣。原来惨惨凄凄路上无人行的景象，稍稍有了生气，不光是有驻军的城，也是有人民的城了。

孙德崖因濠州缺粮，一径率领部队到和州就食，将领兵士携妻挈子，不由分说，占住和州四乡民家。孙德崖带了亲兵，说要进城住一些时候，人多势大，朱元璋阻拦不住，也无法推脱，正在苦恼发愁。郭子兴听得消息，也从滁州赶来，两个对头挤在一处，苦煞了朱元璋这个小头目。

原来郭子兴人虽刚直，但耳朵软，容易听人闲话。开头有人报告，称朱元璋多娶妇女，强要三军财物，已然冒火，再听说孙德崖和朱元璋合伙去了，越发怒气冲天，也不提前通知，黑夜里突然来到，朱元璋来不及迎接。一进门，郭子兴满面怒容，好半晌不说话。朱元璋跪在下面，筹思答话。突然郭子兴发问：“是谁？”朱元璋答说：“总管朱元璋。”郭子兴大喊：“你知罪吗？你逃得到哪里去？”朱元璋放低了声音：“儿女有罪，又逃得到哪里去？家里的事迟早好说，外面的事要紧，得马上办。”郭子兴忙问：“是什么事？”朱元璋站起来，小声说：“孙德崖在此地，上回的事结了深仇，目前他的人多，怕会出事。大人得当心，安排一下。”郭子兴还半信半疑，把朱元璋喝退，独自喝酒解闷。

天还不亮，孙德崖派人来说：“你丈人来了，我得走了。”朱元璋知道不妙，连忙去告诉郭子兴，又来劝孙德崖："何必这样匆忙呢？"孙德崖说："和你丈人相处不了。"朱元璋看孙德崖的神色，似乎不打算动武，就劝：两军在一城，有小冲突，最好让部队先出发，元帅殿后好镇压。孙德崖答应了，朱元璋放下心，出来替孙军送行，越送越远，正要回来，后军传过话来，说是城里两军打起来了，死了许多人。朱元璋着急，连忙喊随从壮士耿炳文、吴祯飞马奔回。孙军抽刀拦住去路，揪住马衔，簇拥向前，朱元璋见了许多将官，都是旧友，大家诉说，以为城内火并，朱元璋一定知情。朱元璋急忙分辩，边说边走，趁大家不注意，勒马就逃。孙军的军官几十人策马追赶，枪箭齐下，侥幸朱元璋衣内披了连环甲，伤不甚重。逃了十几里，马力乏了，被赶上擒住。这回可是俘虏了，被铁索锁住脖子，有人建议将其杀了，有人主张孙元帅现在城里，如此时杀了朱元璋，孙元帅也活不了，不如派人进城看明白再作打算。立时就有一军官飞马进城，见孙德崖正锁着脖子，和郭子兴面对面喝酒呢。郭子兴听得朱元璋被俘，也急了，情愿走马换将，可是两家都不肯先放，末后挑定折中办法，郭子兴先派徐达到孙军做抵押，换回朱元璋，朱元璋回到城里，再解开锁放回孙德崖，孙德崖回去了，再放还徐达。总计朱元璋被孙军拘囚了三天，几次险遭毒手，亏得有熟人保护，才能平安脱身回来。

元至正十五年（1355年）二月，红巾军统帅刘福通派人在砀山（今江苏砀山）夹河访得韩林儿，接到亳州（今安徽亳州），立为皇帝，又号小明王，臣民称为主公。建国为宋，年号龙凤。拆鹿邑大清宫木材，建立宫殿。小明王尊母杨氏为皇太后，以杜遵道、盛文郁为丞相，刘福通、罗文素为平章政事，刘福通弟刘六为知枢密院事。军旗上写着鲜明的联语："虎贲三千，直抵幽燕之地；龙飞九五，重开大宋之天。"杜遵道得宠擅权，刘福通不服气，暗地里埋伏甲士，杀害杜遵道，自为丞相。不久又改作太保，东系红军军政大权全在他手里。

郭子兴深恨孙德崖，为交换朱元璋，受了惊吓，又忍着气，成天愤恨发脾气，得了重病，于三月间不治死去，葬在滁州。

挥师集庆

郭子兴之死，并没有在和州和滁州引起太大的混乱，因为这支部队的真正的创建者和指挥者是朱元璋。有资格与他较量的只有郭子兴妻弟张天祐和两个儿子郭天叙、郭天爵，他们虽有小小的动作，但是朱元璋没太放在眼里。

至正十五年（1355年）四五月间，朱元璋坐镇和州，接连打退了几次元军的进攻，他个人也添了桩喜事。小张夫人是一个绝顶聪明的人，她知道过去郭子兴与朱元璋有矛盾，但现在无疑要依靠朱元璋的保护。于是，她把自己的女儿嫁给了朱元璋做第二夫人，成了他名副其实的岳母，这位第二夫人就是后来的郭惠妃。

四月二十一日，朱元璋带护卫在城郊巡视，得收一员大将常遇春。常遇春是濠州属县怀远人，相貌奇伟，有一身好气力，两只臂膀长如猿臂，弯弓射箭百发百中。至正十二年（1352年），他二十三岁时，跟随本县一个叫刘聚的人落草。刘聚虽然看重常遇春，但只是在方圆十几里范围内称王称霸，烧杀劫掠，这使常遇春大为失望。至正十五年（1355年），濠州遍地饥馑，常遇春带领几十个人到各地劫掠，沿路访得有一个朱总管，兵强马壮，不杀不掳，便投奔而来。据说，他在和州城外的田地里正困乏而卧，梦见一个披甲金神以盾牌推他说："快起来，主君到了。"随即惊醒，正巧朱元璋带队走到前面。是常遇春真做了这个梦，还是他当时或后来捣鬼，已无从考证。不过，朱元璋一见此人，非常喜欢。为了考验他的诚意，朱元璋起初并没让他打仗。一次出征，他坚决要求做先锋打头阵，朱元璋说："你自有你的主人，你到这里来，不过是因为饥饿，我怎么好留你在身边呢？"常遇春一听这话，急得脸红到脖子，再三要求出征，朱元璋执意不允，这个七尺莽汉竟呜呜哭泣。朱元璋说道："既然你这么有诚心，就随我一同渡江吧。到那时我有重要差事给你。"原来，此时朱元璋已在做渡江准备，在为渡江物色勇士。常遇春后来成为朱元璋手下仅次于徐达的统帅和战将，为明朝开国事业立下了汗马功劳。

和州终究是座小城，大军驻扎，日子一长，出现了粮荒。朱元璋决定打过长江去，进攻集庆。集庆虎踞龙盘，形势险要。历史上吴、东晋以及南朝都曾在此定都。而且，以集庆为中心的江南地区是当时全国最大的产粮区，资源丰富。他把这个想法和李善长一说，深得赞赏。但渡江要有大批船只，朱元璋没有水军，只能望着滔滔江水兴叹。

至正十五年（1355年）五月初二，朱元璋正愁眉紧锁，忽报巢湖水寨有人求见。朱元璋想，这怕不是做梦吧，随即一声"快请"。来人叫俞通海，正是来联系归顺的。等俞通海离去之后，朱元璋狂喜不能自禁，对着李善长、徐达等人欢呼道："真天助我也，我的大事可成了。"

原来，当刘福通红巾军在颍州起义的时候，彭莹玉的门徒金花小姐和赵普胜、李普胜在巢湖区域起兵响应，庐州巢县俞廷玉和三个儿子俞通海、俞通源、俞通渊等人前往归附。赵普胜据含山寨，李普胜据无为州，他们联合附近另一支起义首领廖永安、廖永忠兄弟，势力迅速壮大。后来，金花小姐战死，赵普胜和李普胜等人只好退守巢湖，建立水寨，拥有大小战船一千多艘和水军一万多人。这支红巾军的首领是彭莹玉的门徒，人们就把水寨叫彭祖水寨。当初，他们与另一位起义首领左君弼结势联合，但左君弼攻取庐州后割地自保，降元后反过来攻打他们。赵普胜等人怕被左君弼吞并，就先后三次派人向朱元璋求救，表示愿意投靠。

朱元璋亲自率兵来到巢湖水寨，李普胜、俞廷玉、廖永安等整齐船舰，列队欢迎。为了避免发生异常，他们在察看了水道之后，便想尽快将船队带出巢湖。原来打算从铜城闸、马肠河通过，发现元中丞蛮子海牙已经在这里布置了重兵，唯一的一个小河汊未被封锁，但水道浅涸，大船根本无法通过。千艘战船被困，朱元璋心急如焚。岂料这天傍晚竟电闪雷鸣，瓢泼大雨从天而降，不到几个时辰，河水暴涨，舟行无阻，简直就是个奇迹。帆樯遮天盖地，像一片巨大的云阵，缓缓驶离巢湖。①

在去和州的途中，赵普胜又反悔起来。他善使双刀，曾是叱咤巢湖的一员猛将，如今却要寄人篱下，受制于一个年轻人，心里觉得很不是滋味，便想拉出队伍，自己出去闯闯。他对手下人透露了这个想法，不料有人向朱元璋报了信。朱元璋立即采取措施，控制了赵普胜的部队，并派人监视他。赵普胜见他的意图被察觉，只得连夜带了几个亲信，渡江投奔了徐寿辉。

大部水军安全抵达和州，朱元璋任命廖永安、张德胜、俞通海等为水军统帅，加紧训练。五月十七日扯帆出发，与元将蛮子海牙在长江边上的峪溪口展开大战，元将蛮子海牙的战舰既高且大，进退不易。廖永安兄弟、张德胜等操纵轻舟，行进自如，来往如飞，把元军船队搞得进退两难，自相撞击，狼狈而逃。廖永安等人乘胜追击，败敌于青沙坊，连克鲚鱼洲以及铁长官、新生沙二寨，俘获大批战船。蛮子海牙被赶到长江以南，和州附近江北元水师被彻底肃清，为朱元璋随后的渡江作战扫清了

---

① 这一段内容出自民间传说。

道路。

五月二十五日，朱元璋召集将领讨论渡江作战方案。一些将领主张直捣集庆，朱元璋不同意。他一生都主张持重，打仗更是谨慎行事。攻打集庆是一场硬仗，他是绝对不会盲目进攻的。他经过再三思考，并征求了李善长等人的意见，说出了自己的想法，即先取采石（在今安徽马鞍山西南），占据险要，再克太平（今安徽当涂），扫清外围，最后顺流而下攻打集庆。他说："采石像一个龟头，突出大江，形势险峻，是集庆上游的咽喉，攻取集庆必须先拔掉这个'钉子'。从历史上看，西晋武帝司马炎灭东吴、南北朝侯景灭萧梁、隋朝大将韩擒虎灭陈、北宋大将曹彬灭南唐，都是先取采石，再克建业（即集庆）的。"经他这么一分析，将领们心服口服，作战方针就这么定了下来。

在渡江以前，朱元璋命令把诸将士的家属全部留在和州，他自己也不带家属出征。他说这是保护家属的安全，其实是把这些家眷作为人质，防止将士叛逃。他还发布了一项筹集粮饷的命令："进入敌境后，任凭捎粮。攻城时遇到抵抗，将士可以检括；如果敌人投降，即令安民，一无所取。"捎粮又叫寨粮，是一种征粮于民的做法，即在敌人境内的乡村张贴告示，招安百姓，让他们纳粮，这是筹集军粮的主要手段。检括就是抄掠。原先，元廷调湖广平章阿鲁灰到淮西镇压苗民起义，不向他们提供军饷，阿鲁灰便采用抄掠的方法，解决供给。朱元璋的做法就是从那里学来的，也算是对顽抗之敌的一种惩罚。

至正十五年（1355年）六月初一，朱元璋率先登舟，徐达、冯国用、邵荣、汤和、李善长、常遇春、邓愈、耿君用、毛广、廖永安等都引船随行。前面是正规舰队，后面是芦苇扎起的木筏。原来打算乘暗夜渡，但傍晚船到江口，雷电风雨大作，天昏地暗，雨下了整整一夜，只好等待。第二天黎明时分，西北风将浓云分两道架过江去，覆于采石上空，舟驶东南一路顺风，于是舳舻齐发，战士欢呼雀跃。朱元璋与廖永安扬帆前导，船头直指牛渚。舟借风力，霎时间，千帆抵岸。驻防元军前来拒战，朱元璋麾众厮杀，敌兵边战边退。这时，常遇春飞舸驶来，挥戈直刺岸上元军。元兵见他单独闯阵，企图抓住他的戈矛，将他活捉。常遇春趁他们抓戈的一瞬，顺势跃上石矶，呼叫着杀入敌阵，元兵被他的勇悍所慑，纷纷败退。朱元璋乘机督军攀登，一路掩杀，攻克牛渚，横扫采石，沿江诸垒，望风而附。

采石是座大镇，囤积了许多粮食。朱元璋的军队像一群饿汉，见了粮食就抢。他们争着把粮食和财物搬到船上，想运回和州享用，闹哄哄谁也拦不住。朱元璋即刻把几位将领叫到跟前，对他们说："今天出师顺利，应该乘胜攻打太平。如果听任将士搬运财物返回和州，就会前功尽弃，再想过江就不容易。"他令诸将砍断缆绳，把船推入急流。正在搬粮的将士见状，都惊呆了，秩序一下好了起来。这时，朱元璋出面了，他大声说："我们渡江是为了成就大事，不是贪图眼前小利。前面有个地方叫太平路，那里的财富比这里多百倍。大家应该继续前进，攻下太平，那时候再好好享受不迟。"经过一番鼓励，将士们冷静下来，饱食了一顿，又开始向太平进军。

朱元璋再做前导，自观音渡经太平桥东南行进，直驱太平城下。元平章①完者不花，万户②万钧、纳哈出、达鲁花赤埋里罕忽里，路总管③靳仪，佥事④张旭等闭门据守。朱元璋的兵将士气正盛，不到一个时辰就破城而入。完者不花与张旭等弃城逃走，纳哈出被俘。这天是六月初二，黎

① 平章：元官名，平时参与商议国家大事。
② 万户：元官名，食邑万户以上。
③ 路总管：元官名，上正三品，下三品从三品，管理民政。
④ 佥事：元官名，专门判断官事的官员。

明时分渡江，到进城，太阳刚刚偏西。

将士们都以为现在可以随意抢掠了，不承想朱元璋在采石出发前，已嘱咐李善长起草了禁止掳掠的榜文，一进太平即令人到处张贴。上面写着谁敢抢掠财物，杀无赦。那些憋足了劲想在太平大发一笔横财的人，见了榜文，又傻了眼。有几个不听约束的，当即被杀了头，并斩首示众。一时间，城中肃然，民心安定。战斗结束，朱元璋打开官库，把金银财物按功行赏，每个将士都得到一份，总算安抚了他们。

这是全城百姓第一次见到不杀不掳的部队，于是，太平路享有盛名的儒士李习、陶安等率领父老迎接朱元璋。陶安很会讨人喜欢，迎上前去说："龙姿凤质，非寻常人也，我等总算有主了。"六月初三，朱元璋将陶安、李习召去讨论时局，垂询对平定天下的意见。陶安说道："方今四海鼎沸，豪杰并争，攻城掠邑，互相雄长。多数人的志向都在子女玉帛，图一时之快，没有拨乱救民安天下之心。明公率众渡江，神武不杀，人心悦服。如此顺天应人而兴吊民伐罪之师，平定天下不会很困难的。"朱元璋说道："足下的话说得很在理。下一步，我想攻取金陵，你看怎么样？"陶安回答："金陵自古以来就是帝王之都，龙盘虎踞，形胜之地。长江天堑，进可攻，退可守。如果由此出兵以靖四方，则何往而不胜？"听了这些议论，朱元璋很是高兴，又见他思路敏捷，谈吐高雅，便留他做了幕宾。陶安这年四十六岁，李习已八十多岁。

太平是过江后攻下的第一个大的城池，是朱元璋作为最高统帅占领的第一个重要据点，又是朱元璋事业的一个转折点。朱元璋改太平路为太平府，任命李习为知府，设置了太平兴国翼元帅府，自任大元帅。朱元璋任命李善长为帅府都事，汪广洋为帅府令史，陶安、宋思颜、王恺为参幕府事，梁贞、潘庭坚为府学教授，协同处理帅府日常政务。李习、陶安、汪广洋、宋思颜、王恺、梁贞、潘庭坚都是太平府知名儒士。

朱元璋注重延揽士人，不是从此时开始的。从江北跟随而来的，除李善长、冯国用、范常之外，还有濠州郭景祥、李梦庚，定远毛骐，滁州杨元杲、阮弘道，全椒侯元善、樊景昭，舒城汪河，以及王习古、杨钦干、范子权等。这些人或管理文案，或出谋划策，或咨询顾问，使朱元璋日渐深沉练达，走向成熟。朱元璋同读书人交往，一方面在补各种文化知识，结合军事政治斗争的实践，了解前人积累的各种经验；另一方面也是在缓和与各地士大夫的矛盾，消除他们的敌意。因为读书士人往往是一个宗族、一个地域的核心力量。一个著名儒士，就是一面旗帜、一种凝聚力和号召力。

朱元璋能够争取到地主知识阶层的支持，还有其特殊的因素。因为元蒙古贵族们在处理政务时，宁用粗识文字的吏，而不喜用高傲寡合的儒。余阙曾说："自元以下始浸用吏，虽执政大臣亦以吏为之。由是中州小民粗识字能治文书者，得入台阁供笔札，累日积月皆可以致通显。"而"士大夫有欲进取立功名者，皆强颜色，昏旦往候于门，媚说以妾婢，始得尺寸"，所以当时儒者的地位甚低。有记载说，滑稽之雄以儒为戏者曰："我大元制典，人有十等，一官二吏，先之者，贵之也。贵之者，谓有益于国也。七匠，八娼，九儒，十丐，后之者，贱之也。贱之者，谓无益于国也。磋乎卑哉，介乎娼之下丐之上者，今儒也。"这十等之民还有一种排法，叫作一官二吏三僧四道五医六工七猎八民九儒十丐。

仕途的狭窄和社会心理的压力，造成知识分子对元政权的淡漠和离心。历史上还没有哪一个王朝有那么多读书人像元末这样，主动拥进农民的造反队伍。朱元璋恰恰是准确地把握了这个时代脉搏，尽可能地收罗知识分子为其所用。太平元帅府建制之后，他对知识分子的争取利用变得更积极，更主动。

朱元璋攻占太平后，元军自四面合围。元右丞阿鲁灰、枢密副使绊住马、中丞蛮子海牙等用大船封锁了采石江面，又堵住了姑孰口（在今当涂县南），切断了朱元璋回和州的通道。方山寨“义兵”元帅陈埜先与康茂才又率水陆军数万人进攻太平府，朱元璋亲自指挥攻防，但形势依然十分危险。这时，他刚娶的夫人孙氏献上一计，说：“库府中还有一些金银，为何不拿出来分给将士，激发他们的斗志？如果城破，留着那些金银还有什么用？”一句话惊醒了梦中人。他命人打开府库，把金银财物抬到城墙边，当场赏给守城的将士，士气果然大振。于是，朱元璋派徐达、邓愈潜出城外，绕到陈埜先背后，他自己与汤和出东门与陈埜先交战。陈埜先的军队迎战不利，向后撤退，又遭徐达军的埋伏，伤亡惨重，部众溃散，落荒而逃。跑得慢的都成了俘虏，陈埜先本人也被生擒。

陈埜先所纠集的团保地方武装所据守的方山寨，扼守秦淮河，逼近金陵，地理位置十分重要。陈埜先被活捉，朱元璋高兴异常。当陈埜先被捆绑着押解到面前，朱元璋起身，亲自为他松绑，并让他坐下叙话，陈埜先毫不客气，侧身便坐，问道：“为何不杀我？”朱元璋说：“此时天下大乱，豪杰并起，遍地元帅满地王，据山寨，攻城邑者，不知几多。大半是斗胜的人附，斗败的附人。将军既以豪杰自负，一定了解这个形势，明白这个道理，难道还不知不杀你的原因？”陈埜先慨然而道：“元帅之意，是不是要我招降手下部队？”朱元璋说：“正是这个意思。将军声震东南，朱某久有交结之意，今日也是天作之合。如果我俩携手，这些草莽鼠辈，怕不够我们拨弄的。”陈埜先说：“久闻元帅的部队不杀不掳，就知元帅志不在小。如蒙元帅不杀之恩，甘愿追随。我手下部队的将校都是我的故旧，只需一纸，召之即来。”朱元璋闻言大喜，说道：“真是英雄本色，快人快语。现在还有一事商量，不知将军意下如何？”陈埜先说：“但请吩咐。”朱元璋说：“我有意与将军结为兄弟，如何？”陈埜先起身说道：“如此，高攀了。”朱元璋即命宰乌牛白马，祭告天地，二人喝了血酒，对天盟誓，共约攻取集庆，闯荡大业。陈埜先果然修书几封，部下闻召赶到太平。朱元璋兵不血刃，平添了几万劲卒，心下十分快活。

阿鲁灰、蛮子海牙等见陈埜先攻城失败，也从采石、姑孰口撤兵，改屯于江北峪溪口。六月初十，徐达奉命东击，攻占了秦淮河上游的溧水县。

再说巢湖水师在渡江以来的战斗中屡立战功，就有些居功自傲。但朱元璋对水师的犒赏并不特别优厚，因此他们难免心存怨恨。李扒头即李普胜乘机煽动，企图叛乱。他在船上摆酒庆功，邀请朱元璋前往祝贺。桑世杰向朱元璋告密，朱元璋暗暗吃惊，托病推辞。没过几天，朱元璋回请水师将领，李扒头不加提防，随同前往。朱元璋将李扒头席前灌醉，当即拿下，宣布其谋反罪状，投入大江。他的部下一个个吓得胆战心惊，朱元璋宣布他人概不追究，巢湖水师才算彻底归顺。

向集庆路进发，万事俱备。这一仗关系重大，更应该稳扎稳打。陈埜先的几万部队得来太容易，反倒让朱元璋心里没底。

八月初七，议定进攻集庆，陈埜先果然有所动作。他当初给部下写信，是想激励他们与朱元璋死战，并不真想劝他们归附，不料弄假成真，心里忙叫苦不迭。这次他的部队被抽去攻打集庆，他暗中吩嘱部下不要卖命真打，待他脱身逃出去，再回来打朱元璋。由于陈埜先的几万人马不卖力，张天佑吃了败仗，撤归。有人向朱元璋揭发了陈埜先的诡计。其实朱元璋对陈埜先的举动也有所察觉，他接到报告后，心里就一直盘算着怎样处理这件事。

朱元璋把陈埜先召了来，郑重地告诉他：“你我虽为结拜兄弟，但是人各有志，恋主之心，无可指责。从我从元，任你挑选，我决不勉强。”陈埜先听到这话，先是一惊，随即赌咒发誓道：“我若背叛元帅再生之恩，神人不容，让我不得好死。”朱元璋连忙止住，说：“何必发那么重的誓言。既然如此，我还有什么不放心的。现在请你率一部分将士到方山去，搜罗你原来的部众，扫清集庆南部外围，配合大部队伺机攻打集庆。”陈埜先暗喜，心想这不是放我归山吗？他收集余众，进驻板桥（今江苏江宁镇东北），暗中却勾结防守集庆的元行台御史大夫福寿，密谋合击朱元璋。他写信给朱元璋，谎称带兵在集庆台城（今南京鸡鸣山南乾河沿北）打了个大胜仗，杀死元兵无数。跟着采用缓兵之计，建议朱元璋放一放攻打集庆的计划。信中说：“集庆右环大江，左枕崇岗，三面据水，以山为郭，以江为池，地势险阻，不利步战。昔日西晋王浑、王濬，东晋苏峻、王敦和隋朝贺若弼、韩擒虎、杨素攻占建康，靠的都是水军。现在元军和新召入城的苗军联合一处，连寨三十余里，一时难以攻克。时间一久，粮草又成问题。不如向南进攻溧阳，东捣镇江，占据险要之地，切断元军粮道，那样集庆可以不攻自下。”朱元璋当即识破了他的诡计，于是在回信中说：“历代攻克江南，如西晋灭吴，隋平定陈，宋曹彬取南唐，皆因长江天堑隔断南北，才能集会舟师，用水军进攻。现在，我的大军已经渡过长江，据有采石、太平要地，即已跨越了天险，扼住了集庆的咽喉。这样水师多少已不是首要问题，以步骑作战，足可以成功，这种形势与晋、隋时是不一样的。你要建功立业，正在今日，何必舍全胜之策而采用迂回之计呢？”

这等于下令让陈埜先继续攻打集庆。陈埜先一计未成，又生一计。他把元将左答纳识里密约至营中，谎称将其生擒，让朱元璋前去受降。朱元璋没有理会，陈埜先的阴谋又未得逞。

九月十六日，朱元璋派元帅张天佑、郭天叙率领部下前往，配合陈埜先攻打集庆。十七日，兵抵方山，与陈埜先会师。双方约定，郭天叙和张天祐督兵由官塘经同山进攻集庆东门，陈埜先自板桥直攻南门。从早晨到晌午，几次攻击，都被元兵打退，只好暂停进攻，蓄养锐气。陈埜先预先准备了丰盛的饭食犒军，同时邀张天祐、郭天叙饮宴。待张、郭酒醉，即刻被陈埜先拿下了。张天祐当即被杀，郭天叙也被处死。张、郭部队猝不及防，遭到陈埜先和城内元军联合夹击，大败而逃。总管赵继祖率军跃马而遁，陈埜先一路追击，到了溧阳县，方才罢手。陈埜先的反复无常，遭到其他地方武装的痛恨。陈埜先在追击红巾军路过金坛县葛仙乡时，当地地主武装头目卢德茂不明真相，听说陈埜先降了红巾军，于是埋下伏兵，把他擒住，不由分说，就砍了他的头。

朱元璋听到张天祐、郭天叙被害的消息，显出异常悲痛的样子，但内心却暗自欢喜。他早已察觉了陈埜先是假投降，没有惊动他，却派张天祐、郭天叙增援陈埜先。说是援助，实际上是把他们两人往虎口里送，朱元璋再也不是皇觉寺里的那个小行僧了，残酷斗争的磨炼，已经使他谙于谋略，善于玩弄权术了。张、郭一死，他们的旧部全归朱元璋指挥，朱元璋终于成为这支队伍名副其实的统帅。郭天叙是郭子兴的次子，郭子兴的长子郭大舍已经战死，还有个三子叫郭天爵，留在朱元璋手下。朱元璋占领集庆后，被小明王委以江南行中书省右丞之职，郭天爵因此对朱元璋不满，联络郭子兴的旧部，意图谋反。事情败露，郭天爵被杀。

集庆城下之捷，鼓舞了蛮子海牙的勇气，他的水师又从江北峪溪口探出头来，建栅寨于采石矶，截断了来往和州的通路，伺机攻击太平。这时将士们的家属仍住在和州，太平、和州的联络被截断，军心不稳。朱元璋命令造巨舰、石炮，派精兵严加防守。趁年关休战的时机，整队练兵，准备明春的更大战事。

元顺帝至正十六年（1356年）二月二十五日，朱元璋率部队同蛮子海牙展开采石争夺战。蛮子海牙的舰队连阵十几里，声势浩大。朱元璋命常遇春派出一支部队作为疑兵，吸引对方兵力，而后大兵正面交战，又令猛将王铭率一部分敢死队作为奇兵，插入敌后。常遇春正面部队已将敌舰冲分为二，左冲右击，使敌舰互失声援，陷入包围圈里。朱元璋命令用襄阳大石炮轰击敌人水寨和船队，正午时分，元舰队已垮，蛮子海牙率领残兵败逃集庆，大部船队和万余水军投降。蛮子海牙采石水师的彻底崩溃，为朱元璋东下集庆解除了后顾之忧。

三月初一，朱元璋在太平会集水陆大军三攻集庆。在集庆城下，攻破陈兆先的大营。陈兆先被俘，所部三万六千余人悉数投降。这些投降的将士不知道朱元璋会怎样处置他们，很恐慌。朱元璋心里明白，这些人不同于陈埜先的诈降，如何处理将表明他对降卒的立场，影响重大。为消除他们的疑虑，朱元璋令亲军统帅冯国用在降军中挑选了五百名壮士作为亲兵，入夜后担当自己的宿卫。却将原先的侍卫和亲信全部撤走，只留下冯国用一人陪住。朱元璋脱下战袍躺倒不久即鼾声大作，五百名降军宿卫见此情景，绷紧的神经才松弛下来。第二天，这个消息不胫而走，三万多名降卒的疑惧情绪一扫而尽。这种宿卫方式是元朝怯薛[①]制的翻版，当初，成吉思汗从万户、千户、百户子弟中，抽调万人，组成怯薛军，怯薛为轮番宿卫宫禁。元廷建立以后，怯薛是高级官员的主要来源，官员都以怯薛出身为荣耀。朱元璋利用元军的这种心理，以五百名降卒充当宿卫，打消了他们的顾虑，表明了对投降元军的态度，也向他们指明了通向日后富贵的道路，更显示了他的气度、谋略和胸襟。

三月初十，朱元璋向集庆发动总攻。元行台御史大夫福寿督兵死守，无奈将士不力，没几个时辰，城就被攻破。御史大夫福寿、平章阿鲁灰等战死，蛮子海牙等弃城逃走，水塞元帅康茂才等率众投降，军民共计二十余万。朱元璋入城，召集官吏父老士绅百姓，告谕道："元政无道，兵戈四起，各地混乱。尔等处在危城当中，每日提心吊胆。我率部队到此，正

① 怯薛：蒙古语，番在宿卫的意思。

是为民除乱。今后，尔等各安职业，不必心怀疑惧。有贤人君子愿意跟从的，我以礼相待。各级官吏都照旧任职，但要谨慎职守，不要殃害我的百姓。旧政不便于民的，我为尔等更除。”随后，李善长等人根据朱元璋的这个告谕，发布安民告示，城内秩序很快恢复。

第二天，朱元璋改集庆路为应天府，表示他得集庆是上应天意。

小明王得到捷报，升朱元璋为枢密院同佥，李善长为经历。不久，又任命朱元璋为江南等处行中书省平章政事，李善长为左右司郎中，以下诸将皆升元帅。于是，朱元璋在应天府设立江南等处行中书省，以元朝御史台府邸作为公府。

朱元璋北面是小明王的宋政权，刘福通的三路北伐吸引了元军主力，使其腾不出手来对付朱元璋。而朱元璋西面的徐寿辉、东面的张士诚，又都在与元军作战，无形中为朱元璋构成了三面屏障，把元军主力挡在了外面，朱元璋是安全的。但他的势力范围很有限，他的根据地以应天为中心，西北至滁州，西南到和州，东南延伸到句容、溧阳，南面仅达芜湖。相比之下，地盘狭小，兵力不强。朱元璋名义上是小明王属下一员战将，但与徐寿辉、张士诚互不统辖。大敌当前，他们都会全力与元军作战；但外患稍逝，他们就会为发展自己的势力互相吞并。朱元璋明白，要想立稳脚跟，必须向外发展，以实力作为坚强的保证，而这时正是出击的有利时机。

至正十六年（1356年）三月，朱元璋占领应天后，立即命徐达为大将军，率领汤和、张德麟、廖永安统军进攻镇江。镇江为应天东面的门户，也是长江下游的军事重镇，在元军手中。此时，朱元璋最担心的不是战斗而是军纪的问题，军纪的好坏影响到队伍的形象，而且事关能否安定社会、争取民心。朱元璋与李善长、徐达商量后，决定共同上演一出戏。三月十二日，召集全军将士训话。在讲了严明军纪的道理和历次军令之后，朱元璋历数一些将领杀戮抢劫的罪过，随即把脸一沉说，全部拉出去砍了。将领们一个个面无人色，一齐跪地叩头。这时，李善长才出面求情。朱元璋也就顺水推舟，说道："看在诸将和李都事的面上，罪过权且记下。你们知道，我自起兵以来，从未妄杀过一人。你们往后行军打仗，断不可再滥杀滥抢，糟践百姓。徐达等人马上要带兵攻打镇江，你们一定要很好地体谅我的用意，严格诫谕士卒。城下之日，不得烧掠，不得随意杀人，违者处以军令。倘使你们约束不严，我决不宽恕！"将士们哪个还敢作声，连大将徐达都战战兢兢，连忙说："一定听从命令。"三月十六日，徐达、汤和、廖永安等率队浩浩荡荡地出发了，第二天就拿下了镇江。徐达等自仁和门开进，"号令严肃，城中晏然，民不知有兵"。接着又攻下金坛、丹阳等县，在应天的东面筑起了一道屏障。

六月，朱元璋命邓愈攻占了应天东南的广德，改广德路为广兴府，设置广兴翼行军元帅府，以邓愈为元帅。

七月初一，小明王置江南行中书省，命朱元璋为中书省平章政事、右丞相、吴国公，以元廷的御史台为公府。朱元璋从此正式建立了政权机构，以李善长、宋思颜为行中书省参议，李梦庚、郭景祥为左右郎中，侯原善、杨原果、陶安、阮弘道为员外郎，孔克仁、陈养吾、王恺为都事，王琦为照磨，乐凤为管勾，夏煜、韩子鲁、孙炎为博士。又置江南行枢密院，以徐达、汤和为行枢密院同佥。置帐前总制亲兵都指挥使司，以冯国用为都指挥使。置前、后、左、右、中五翼元帅府，以华云龙、唐胜宗、陆仲亨、邓愈、陈兆先、张彪、王玉、陈本等为元帅。又置镇抚司、提刑按察司、兵马指挥司、理问所，负责稽查、监察、司法。设置营田司，负责屯田、农事等。这样，行政、军政、司法等机构就大体完备了。

朱元璋以应天府为根据地，拥有集庆路、太平路、镇江路、广德路等江南地面，十几万军队，成为江南很有实力的割据政权。此时，在朱元璋的上游有徐寿辉，下游有张士诚，宁波、临海沿海一带有方国珍，江南其他地区仍为元廷所有。江北则有韩林儿、刘福通的大部队牵制着元朝主力，这使得朱元璋的军队敢放胆开进元属领地，展开厮杀与兼并。

削平群雄

第三章

扩大战果

朱元璋占据应天后，并没有沉浸在胜利的喜悦中，他对自己所处的严峻形势有着清醒的认识。当时，应天东面的镇江被元将定定扼守着，东北的扬州（今江苏江都）由青衣军张明鉴占据，东南的平江（今江苏苏州）掌握在张士诚手中，南面的徽州（今安徽黄山）有元将八思尔不花驻守，西面徐寿辉的势力已扩展到池州（今安徽贵池）。张士诚和徐寿辉虽然与朱元璋一样，也都是起义军首领，但此时已进入群雄逐鹿时期，大家都致力于扩张自己的地盘，早已不可能联合起来共同抗元，而且，张、徐地广兵多，对朱元璋的威胁比周围的几支元军要大得多。朱元璋放眼四望，自己竟是“地狭人少”，处于四面受敌之境。不过，朱元璋也不乏有利之处：由于小明王拖住了元军主力，应天北面出现了一道军事屏障，这使他可以放心大胆地经营江南。

在攻下镇江、拿下东面的战略要地后，朱元璋想与张士诚建立和平关系，以便集中精力去经略其他地方。他派人拿着自己的亲笔信到张士诚处，建议双方互通使节，“睦邻守国，保境息民”。张士诚本是盐贩，乘农民起义爆发之机率领十八人起兵，不久即建立大周政权，自称诚王，此时已占据平江（今江苏苏州），改名隆平府，定为国都，在江南可以说根基已稳，根本不把朱元璋放在眼里。他扣留了朱元璋的使节，还派兵攻打镇江，被徐达击退。和睦相处既无可能，朱元璋便决定向张士诚施以有力打击，使他心怀戒惧，在朱元璋集中兵力南下西征时不敢轻举妄动，觊觎应天。他指示徐达迅速出兵包围了常州，又派遣三万士兵前去助战。张士诚唯恐常州有失，也派遣数万大军前往增援。徐达闻讯设下埋伏，张士诚军惨败，主将被俘。张士诚这才知道不可小视朱元璋，派人到应天求和，提出情愿每年向朱元璋缴纳粮食二十万石，黄金五百两，白银三百斤。朱元璋此时在战场上占据了优势，自然是得理不饶人，他要求张士诚放回所扣使者和所俘去的将校，岁输粮五十万石。张士诚觉得要价太高，不肯应允。

议和未成，朱元璋下令发动大规模攻势。但常州毕竟是个重镇，久攻不下，朱元璋认为这是将士们未尽全力，命自徐达以下一律官降一级，并写信指斥徐达师老无功，督责他“勉思以补前过，否则必罚无赦”。后来，朱元璋还亲到镇江督师，并以二万精兵增援，在围攻了八个多月后，终于将常州攻克。在攻克常州前，朱元璋已命人攻占了扼守太湖西口的长兴；攻克常州后，又派兵占取了濒临大江的江阴。得到了这两处战略重镇，就牢牢锁住了张士诚西进的路线，免除了朱元璋的东顾之忧。接着，徐达又率军进攻宜兴，并分兵攻打常熟。宜兴城坚固难以攻下，只得暂罢，由张士诚的弟弟张士德坐守的常熟却很快就被拿下，张士德也被俘。张士德“善战有谋，能得士心”，是张士诚手下最重要的谋士，张士诚所领有的浙西地区，均由他带兵略定。俘虏了张士德，等于砍去了张士诚的一条手臂。张士诚在母亲的万般催促下，派人到应天，提出每年输粮十万石、布一万匹，与朱元璋修好，要求用所俘朱元璋的骁将廖永忠换回张士德，朱元璋断然拒绝。张士诚便归降了元朝，试图借助元军力量与朱元璋抗衡。

在用兵东方的同时，朱元璋还分兵争夺南面和西面的战略要地，先后攻占了广德、宁国（今安徽宣城）、徽州、池州等地。

至正十六年（1356年）闰三月，朱元璋攻占集庆后，便开始派兵经营周围地区；到至正十八年（1358年）十月，经过一年多的奋战，应天周围的战略重镇均落入朱元璋之手，可谓战果丰硕。应天的安全既然有了保障，朱元璋的目光便投向更远的地方。东面的张士诚虽然在战场上吃了些亏，但他的辖区财力雄厚，西面的徐寿辉及其部将则兵力雄厚，当时人有“论兵强莫如陈友谅，论财富莫如士诚”之说，朱元璋在现阶段要想吃掉这两个比自己强大的对手自然毫无可能。只有东南方面还在元军的控制之下，因与元朝本部相隔甚远，元军都驻扎在一个个孤立分散的据点里。朱元璋审时度势，确立了防御东、西两线，集中兵力略取东南的战略决策。

至正十九年（1359年）三月，朱元璋命自己的外甥李文忠与邓愈、胡大海合兵进攻浙东，他们很快就攻占了建德路，朱元璋命改为严州府，令李文忠镇守。驻守杭州的苗军元帅杨完者多次派兵反攻，均落败而归。李文忠进克江浦，从侧面对婺州（今浙江金华）实施包抄。杨完者手下有数万苗兵，勇猛敢战，是朱元璋经略浙东的最大障碍。恰在这时，元军内部久已积蓄的矛盾爆发出来，他们不顾大敌当前，竟然发生火并，杨完者兵败自杀，由其部将带领驻守桐庐的三万苗军都归降于李文忠。胡大海率军攻打婺州，守将石抹厚孙拼死抵抗，竟然久攻不下。朱元璋怕拖得久了，师老兵疲，给敌人以可乘之机，遂率领十万大军，竖起“奉天都统中华”的金牌，亲征婺州。石抹厚孙的哥哥石抹宜孙驻守在处州（今浙江丽水），他怕婺州失守，一面传言让石抹厚孙坚守勿出，一面派兵带着新造的数百辆狮子战车前往增援。援军走到松溪，观望不前。朱元璋认为松溪山多路狭，车不易行，派兵前往拦击，将援军击退。城内元军被围日久，人心本已浮动，现见救援无望，有些军官便联合起来，开门投降。朱元璋顺利进入婺州，在那里设立军政机构。接着，又分兵占领了婺州周围地区。朱元璋还派人到庆元路（今浙江宁波），招降控制着浙江沿海地区的割据首领方国珍。方国珍见朱元璋势力强盛，知道自己不是其对手，又想将其借为声援，便遣使进献礼物，表示归附。至正二十年（1360年）下半年，衢州、处州等地也落入朱元璋之手，元军在浙东的据点都被拔掉。朱元璋经略东南的战略决策，获得圆满成功。

求能纳贤

当初朱元璋听了冯国用、冯国胜兄弟和李善长论述的平定天下之道，颇有醍醐灌顶、茅塞顿开之感。他初步看到了一条通向未来的光明道路，也深刻认识到了读书人的重大作用。此后，他便开始注意网罗读书人，向他们垂询治国之道，请他们出谋划策。他曾对人说："予思英贤，有如饥渴。"这话绝非是他的自我吹嘘，而是他招揽英才的真实写照。

至正十七年（1357年）三月占据应天后，朱元璋马上宣布："贤人君子有愿意跟随我建功立业的，我都尊礼重用。"消息传开，夏煜、孙炎、杨宪等十几个儒士前来谒见，朱元璋均加以录用。他听说曾担任元朝江南行台侍御史的洛阳名儒秦从龙（字元之）隐居于镇江，便在命徐达率军去攻打镇江时，特地嘱咐说："镇江有一个秦元之，才器老成，你要寻找到他，转达我希望见到他的心愿。"徐达攻克镇江后访得秦从龙，朱元璋立即派侄子朱文正和外甥李文忠带着白金、文绮前去礼聘，秦从龙抵达应天时，朱元璋还亲自到城门外将他迎入，与他朝夕相处，向他咨询军政事务。此后朱元璋命将出征，经常让将领们寻访、推荐当地的名儒名贤。

至正十八年（1358年）四月，邓愈率军进入皖南，他听说徽州名儒朱升学问渊博，就特地向朱元璋做了推荐。朱升，字允升，学者称枫林先生。他是休宁人（现安徽省黄山市休宁县），早年曾拜著名学者陈栎为师，刻苦好学，至正四年（1344年）参加科举考试，登乡贡进士第二名，曾出任池州学正，后见天下扰攘，便弃官回到家乡，隐居于石门山，闭门著述。朱元璋早就听说江南文人才士众多，渡江以来，一直留意访求人才，对朱升的名声已有所耳闻。现在听了邓愈的介绍，知道朱升果有才学，便效仿刘备三顾茅庐的做法，微服从连岭出石门，登门拜访朱升，向他请教平定天下的大计。朱升虽身在山中，却一直关注着时局的变化，心中有所谋划。他被朱元璋的诚意打动，遂进言三策："高筑墙，广积粮，缓称王。"头一策是让他加强根据地建设，巩固后方；第二策是让他发展生产，积蓄经济力量；第三策是让他韬光养晦，不过早地树立目标。这三策言简意赅，为朱元璋经略江南指明了方向，朱元璋将其牢记于心，作为自己一个时期内奉行的基本方针。他把朱升请回幕府，参与密议。

至正十九年（1359年）十二月，朱元璋亲征婺州，途经徽州时，特意召见儒士唐仲实、姚琏等，询问民事得失，得知筑城给百姓带来很大困苦，立即下令停工。他还询问汉高祖、光武帝、唐太宗、宋太祖、元世祖统一天下的原因，唐仲实说："这几位前代帝王都不乱杀人，所以才能平定天下。"这年底，他攻占了婺州，这里是理学中心，一向有"小邹鲁"之称，拥有大批富有学问的儒士，把这些人拉拢过来，不仅有助于稳固对当地的统治，也可以扩充自己的智囊团。所以，入城之后，朱元璋迅即召见了儒士范祖干、叶仪，询以治道，接着又聘请许元、叶瓒玉、胡翰、吴沉等十三名学者为他讲解儒家经典和历史书籍，并把范祖干、王冕、许瑗等纳入幕府，让他们参议军国大政。他还下令开设郡学，礼聘名儒叶仪、宋濂为五经师，戴良为学正，吴沉、徐原为训导，恢复了因战乱久已废毁的教育体系，深受当地士人的欢迎。

至正二十年（1360年）十一月，胡大海攻占处州，派人向朱元璋推荐刘基、叶琛、章溢。刘基，字伯温，青田人，元统年间考中进士，历官高安丞、江浙儒学副提举、处州路总管府判等，因才学不为上司赏识，无法施展平生抱负，弃官归隐，读书著述。叶琛，字景渊，丽水人，协助石抹宜孙守处州，授官行省元帅。章溢，字三益，龙泉人，曾组织乡兵抵抗农民起义军，授官浙东都元帅府佥事，推辞未受，退隐匡山。接到胡大海的推荐后，朱元璋当即派人前往礼聘，叶琛和章溢表示愿意出来，但影响最大的刘基却自称曾在元廷做官，不愿再为他人所用，不肯出山。于是朱元璋命令处州总制孙炎派人再三去敦请，孙炎还给刘基写了一封数千言的长信，反复阐明利害，陶安和宋濂也分别写信劝他应聘，刘基不得已，只得勉强应允。

至正二十一年（1361年）三月，刘基与叶琛、章溢、宋濂四人一同到达应天，朱元璋喜不自胜，说："我为天下屈四先生耳！"他让人在自己的住宅西边建了一所礼贤馆，让他们居住其中。朱元璋向他们征询对天下局势的看法，刘基于是条陈时务十八策，内中说："现有两个劲敌，一是东面的张士诚，一是西面的陈友谅。张士诚所据地方，南不过会稽，北不过淮阳，为人首鼠两端，暗地里打算反元，表面上却依附元廷，只不过是个保守寸土的人，不会有远大作为。陈友谅兼有饶州、信州，横跨荆、襄，土地广阔，但他挟持自己的主子徐寿辉以胁迫部下，部下多有怨言；又为人剽悍，专事冒险，拼杀攻掠，不恤百姓，民疲不堪，所以战胜陈友谅，并不困难。捕兽先捕猛兽，擒贼先擒强贼，为今之计，当先攻打陈友谅，攻灭了陈友谅，就具备了争夺天下的基础了。"刘基这段话，对天下局势分析得很深刻，使朱元璋明确了今后的战略方针，堪与诸葛亮的"隆中对"相媲美。

网罗来的人才越来越多，朱元璋很注意发挥他们的特长。他曾形象地比喻说：“锋利的宝剑可以刺穿犀牛和大象，但用它砍石头必会缺损；骐骥可以奔跑千里，但让它拉犁耕田必将趴倒。”因此，他特别强调各尽其才。刘基、宋濂、朱升等是博洽经史、长于谋略之人，留在幕府，让他们发挥智囊团的作用；胡深等是精通兵法、骁勇善战之人，任为将官，让他们统兵征战四方；汪广洋、叶琛、章溢等是饶有智计、善于办事之人，则被派往各地担任行政职务。这样，大家都能充分施展自己的聪明才干，朱元璋的事业自然也就蒸蒸日上。

胜陈友谅

从至正二十年（1360年）五月起，西线战场由冷战进入热战。

陈友谅吞并了安庆赵普胜，便有渡江取池州之心。朱元璋对此早有所知，对守将徐达和常遇春授计说，陈友谅军早晚会犯池州，应在城中留三千人防守，另遣一万人埋伏在城旁的九华山，待其来犯，城里摇旗鸣鼓，伏兵从后杀出，必能制胜。徐达、常遇春依计行事。陈友谅的军队来势汹汹，渡江后直扑池州，不料受阻于城下，后面又遭到九华山伏兵的攻击，被歼一万余人，另有三千人被俘。常遇春认为留下这些降卒必生祸患，主张全部杀掉。徐达不赞成，派人向朱元璋汇报。朱元璋急遣使告谕徐、常二将，命令把投降的士兵放回去。可常遇春那头已开杀戒，使者赶到时，降卒只剩下三百人。朱元璋得到消息，很不高兴，下令将三百幸存者全部释放。陈友谅并不服气，他派人到朱元璋处，称这一仗不是他本人打的，而是其部将不慎挑起的偶发事件。与此同时，陈友谅积极备战，闰五月初一，他簇拥着徐寿辉率舟师东下，略过池州，直扑太平。行枢密院判黑脸将军花云和朱元璋养子元帅朱文逊等率三千兵士拼死抵抗，陈友谅连攻三天未能得逞。太平城墙紧靠姑熟溪，陈友谅趁着水涨，将大舰停泊在城西南，命士卒沿舰尾攀上城头，跃进城里，部众一拥而入。这时朱文逊已战死，花云挥队巷战，最后兵败被擒。

陈友谅攻占太平后，把徐寿辉也挟持到这里。他得意忘形，认为取应天指日可待，个人野心膨胀，终于派人击杀了徐寿辉，并迫不及待地在一个风雨交加的日子于五通庙即帝位。他定都江州（今江西九江），改国号为大汉，仍以赵普胜为太师，张必先为丞相，张定边为太师兼知枢密院事。然后派人约张士诚自东面攻打应天，自己则从西面进攻，试图一举歼灭朱元璋。

陈友谅大举进犯的消息，在应天引起了极大的震动。那时，陈友谅的地盘比朱元璋大得多，兵力也超过朱元璋，尤其是舟师，是朱元璋的七倍。他的舟师包括名为混江龙、塞断江、撞倒山、江海鳌等一百多艘巨舰，听到这些舰名就足以让人胆寒。应天的文武百官大多惊慌失措，在朱元璋召开的军事会议上，笼罩着一股畏敌的气氛。有人主张撤到钟山去，说那里有王气，可以凭借据守；有人说打一仗再撤，有的甚至认为应开城纳降。胆小的已在家中收拾细软，考虑城破以后的出路了。朱元璋对群臣的建议感到失望。他以探索的目光扫视全场，只见刘基睁大眼睛，怒视着这些怯懦且寡谋的人。朱元璋急把刘基召入内室，刘基说："先斩主降及奔钟山的人然后说话。"朱元璋问："依先生之见呢？"刘基说："陈友谅杀了他的主子，僭号称帝，匆匆率师东下，说明他志得意满，急于求成，正所谓骄兵必败。他上弑其主，下胁其众，名位不正，必然上下离心，矛盾重重。倘使主公能打开府库，激励将士，必然人争奋勇，万众一心，这就是‘天道后举者胜’的道理。若能在战法上诱敌深入，我以伏兵邀击，打胜这一仗是完全有把握的。主公取威制敌以成王业恰恰在此一举，何患之有？”朱元璋信心陡增。接着进行战争动员，府库里的粮绢金银也拿出来犒赏，应天内外士气顿时高涨。

但这一仗怎么打呢？朱元璋与刘基经过慎重考虑，制定了一套成熟的作战方案，即诱敌深入，以伏兵邀击，并且赶在张士诚动手之前尽快结束战斗，以防两面受敌。

朱元璋派胡大海从处州出发，攻打信州（今江西上饶），牵制陈友谅的后方，同时，让元朝降将康茂才行诈降之计。康茂才与陈友谅是老朋友，朱元璋让他写信给陈友谅，表示愿意投降并做内应，建议陈友谅快速进军，里应外合，共破强敌。康茂才手下有一个看门的老头，曾经侍候过陈友谅，便被派去给陈友谅送信。这个老门房当夜就划着小船偷偷来到太平陈友谅军的驻地，将康茂才的亲笔信交给陈友谅。陈友谅读了信，又向老门房了解朱元璋军中的情况，当他听说应天城内一片恐惧气氛时，不禁面带喜色。他问看门人：“康公现在哪里？”看门人说在江东桥（今南京江东门附近）。又问桥是怎样的，看门人说是木桥。陈友谅设酒食款待了看门人，临别约定与康茂才在江东桥会合，以连呼三声“老康”为暗号。

朱元璋听罢汇报，就紧急部署。他让李善长连夜将江东桥的木桥更换成铁桥，派常遇春、冯国胜率三万精兵埋伏于城北江南岸的石灰山（幕府山），徐达屯于南门外，杨璟驻东南大胜港，张德胜率舟师出城北龙江关。朱元璋率部屯驻城西最高峰卢龙山，指挥全局。他在山右偃伏黄旗，山左偃伏红旗，到时以旗帜变换作为指挥信号。

闰五月初十，陈友谅不等张士诚做出反应，便亲自率领舟师顺江东下。至大胜港，受到杨璟的阻击，加之河港水路狭窄，仅能容三舟并进，不便展开，便从大胜港撤出，顺入长江，驶向江东桥。到江东桥一看，哪里有什么木桥，分明是一座铁桥，不免有些怀疑，急忙呼“老康，老康”，又不见回音，才知道是上了当。但后退肯定要遭到追击，只好仗着人多，继续前进。天亮以后，到了龙湾。陈友谅命一万名士卒率先登岸，立栅安营。朱元璋在对面的卢龙山上把这一切都看在眼里，部将要求马上出击，他说：“天要下雨了，先吃饭，然后攻击。”当时，天气燥热，一阵微风刮过，忽然响起沉闷的雷声，顷刻间下起瓢泼大雨。朱元璋下令举起红旗，这是准备进攻的信号，然后又挥动黄旗，伏兵从四面杀出，喊声震天。陈友谅的军队正在避雨，陡然冲出大批伏兵，都惊呆了。这时，暴雨停了，山上擂响了战鼓，几路伏兵抖擞精神，奋力冲杀，陈友谅的军队惨败，纷纷后撤。仓皇中，争相登舟逃命，可又赶上退潮，大船搁浅，无法开动，结果两万多人被俘，陈友谅的部将张志雄、梁铉、俞国兴、刘世衍等人先后投降。陈友谅边战边退，昼夜不敢喘息，最后不得不放弃太平、安庆，收拾残军，往九江方面奔去，朱元璋乘胜收复了太平，与此同时，胡大海信州之战也取得胜利。

陈友谅如此惨败，张士诚自然不敢有所动作。

龙湾大战（也称石灰山大战）在朱陈争夺中有着扭转全局的战略意义。经此一战，陈友谅损兵折将，锐气受挫，丢掉了几个战略要地，已经丧失了以强压弱的优势。朱元璋拓疆进土，冲出战略内线，由被动变为主动，在整个力量对比中，足以与陈友谅平分秋色，一决雌雄。不久，在陈友谅内部又发生了浮梁州院判于光和徐寿辉手下大将袁州欧普祥向朱元璋投诚的事件，陈友谅内部的裂痕进一步显现出来。

至正二十二年（1362年）正月，小明王封朱元璋为吴国公。三月，朱元璋改枢密院为大都督府，任命侄儿朱文正为大都督，节制内外诸军事。

五月，陈友谅派李明道反攻信州。胡大海的儿子胡德济坚守不出，胡大海从金华回援，父子俩合兵击败陈友谅军，活捉李明道和宣慰王汉二，将二人押解至应天。朱元璋向他俩打听陈友谅的情况，李明道说："陈友谅杀徐寿辉后，将士离心离德，政令不畅。对像赵普胜这样的将领也因嫉妒而加害，使许多人心怀异志。因而陈友谅虽然兵力很多，却不会替他卖命。"朱元璋听后，决定继续对陈友谅用兵。

就在这之前，至正二十一年（1361年）七月二十四日，陈友谅的太尉张定边向安庆发起攻击，守将赵仲中战败逃回应天，安庆陷落，朱元璋大为震怒。为了严肃军纪，惩懦立威，他即命将赵仲中处死。这个赵仲中与他的弟弟赵庸都曾是巢湖水寨统领，与俞通海、廖永忠兄弟等一起归附朱元璋。常遇春请朱元璋看在是渡江旧人屡立战功的份儿上，免他一死。朱元璋不允，说道："今天法令不行，怎么惩治后来犯法的！"朱元璋给了赵仲中一根丝弦，令他自尽，随即委派他的弟弟赵庸接替了他行枢密院佥事的职务。这样一打一拉，既严肃了法纪，又收买了赵庸的心。部众们除了继续卖命，也没有话说。

他命令太平知府范常重新修筑了太平城，使它离开姑熟溪水二十余步，又命驻守严州的李文忠坚固城池，预防张士诚自杭州南下。东部江阴、长兴、宜兴也命令严加防范。八月初一，他还派遣使臣去河南汴梁与元将察罕帖木儿互通友好，那边传回消息，愿结友好，北边压力一时减轻了。

至正二十二年（1367年）七月，朱元璋率徐达、常遇春诸将，以李明道、王汉二为向导，统领舟师从龙湾出发，再夺安庆。朱元璋在自己乘坐的龙骧巨舰上，竖起一面大旗，上书"吊民伐罪，纳顺招降"八个大字。舟师溯流而上，中途有数万只鸟围绕着朱元璋的巨舰飞翔，遮天蔽日。还有来自西北方向的大蛇浮江蟠舵，场面壮观。经采石时，又有龟蛇于急流中旋绕舵后。大家都高兴地说，这是神与天助。二十日，大军抵达安庆，守军固守不出。朱元璋在岸上制造疑兵，见对方有些松懈，便命廖永忠、张志雄以舟师击其水寨，攻破敌阵，缴获战船二十余艘，攻克了安庆。紧接着，大军又直逼小孤山，陈友谅守将傅友德及丁普郎投降。新归附的于光率江西境内的水师出鄱阳湖，驶至江州城下，与朱元璋会师。

沿途陈友谅的防线迅速崩溃，朱元璋水师以迅雷不及掩耳之势抵达江州城下，陈友谅猝不及防，还以为是神兵自天而降。廖永忠在船尾造桥，名曰“天桥”，高与城齐，将船顺风倒行，使“天桥”与城墙连接，战士们攀缘而上，迅速攻进城去，陈友谅携妻子连夜逃奔武昌。二十五日，朱元璋大军开进江州。随后，乘胜追拔南康（今江西星子）、蕲州、黄州（黄冈）、黄梅、广济（在蕲州东面）、兴国等地。至此，江西大部和湖北的东南角已归入朱元璋的版图。朱元璋的势力日益扩大，而陈友谅的地盘却日渐缩小，两人的军事力量对比发生了根本变化，朱元璋已经有实力和陈友谅进行决战了。他召集诸将商议，讨论下一步的作战方案。一些将领垂涎张士诚控制的苏州、杭州等富饶之地，主张改变原来的战略部署，先打张士诚，又说从距离上看，张士诚近而陈友谅远，舍近取远，于我不利。朱元璋反复比较了东西两个对手，认为陈友谅剽悍而志骄，张士诚狡诈而器小。志骄则好生事，器小则无远图。如果先攻张士诚，陈友谅必然全力来援，我两面受敌，很难取胜；如果先攻陈友谅，张士诚却不会出援。因此，他决定继续贯彻原先制定的战略，集中力量先灭陈友谅，再回过头来对付张士诚。

朱元璋此次督师大获全胜。至正二十二年（1362年）二月初，他命令邓愈以行中书省参政镇守洪都（朱元璋改龙兴为洪都，即南昌），经营江西，便准备与刘基一起返回应天了，但刘基却恳求朱元璋放他回青田去。原来，去年八月将要自应天出发时，刘基接到了他母亲去世的噩耗。在这个节骨眼上突来这种消息，朱元璋也很震惊，担心刘基过于伤感，更怕弃他而去，便立即写了封亲笔信，加以慰留。书信写道："今日闻知老先生尊堂辞世去矣，寿八十余岁，人生在世能有几个如此？先生闻知，莫不思归否？先生既来助我，事业未成，若果思归，必当且宽。于礼，我正当不合解（教）先生休去，为何？此一小城中，我掌纲常，正宜教人忠孝，却不当挡先生归去。昔日徐庶助刘先主，母被曹操将去，庶云：方寸乱矣，乞放我归。先主容去，致使子母团圆。然此先生之母若生而他处，以徐庶论之，必当以徐庶之支吟日老母任逍遥之路，踏更生之境，有何不可。先生当以宽容加餐，以养怀才抱德之体，助我成功。那时必当遣官与先生一同乡里，荐母之勋劳，岂不美哉。"鉴于大战在即和朱元璋的苦苦挽留，刘基只好以国事为重，暂留于朱元璋身旁。现在已是战争间歇，刘基无论如何也要回家葬母。朱元璋也只好答应，只是请他早去早回，不要拘守三年守制之礼，并问："先生还有什么交代？"刘基说："陈友谅、张士诚一时都不会有什么大的动作，所担心的，一是浙东投诚的苗兵，二是洪都新附的降将。因为他们各有自己的将校部曲，一有疑惧和机会，就可能酿成祸乱。"

刘基所担心的事情果然发生了。

至正二十二年（1362年）二月，金华、处州苗兵叛乱，整个浙东震动。

婺州的苗军首领蒋英、刘震与李福等人，自从在桐庐投降朱元璋后，就一直归胡大海统辖。胡大海不但作战英勇，而且对部下约束很严，要求他们不妄杀人，不掳人财物。可是蒋英等人烧杀淫掠惯了，对胡大海的约制心怀不满，时间一久，这种不满情绪终于爆发了。他们派人与驻处州、衢州的苗军联络，约定二月初七日同时动手。到了这一天，蒋英到婺州分省官署，谎称请胡大海去八咏楼观看他的部下骑射，胡大海未加戒备就随蒋英前往。途中，蒋英趁胡大海不注意，用铁槌将他击杀，刘震、李福也一起动手，杀害了胡大海的儿子关住、分司郎中王恺等人。叛乱的首领想把胡大海的部属一网打尽，可是却偏偏漏了一个人，这人就是典史李斌。李斌趁乱逃出来，赶去报信。他见城门已被叛军把守，便用绳子吊出城去，赶到严州向李文忠报告。这时李文忠为浙东行省左丞，总制严州、衢州、信州、处州和诸全州（诸暨所改）的军务。他得到信息，立即启程去婺州平叛。蒋英等人听说李文忠率部前来，就在城中大肆掳掠一番之后，投奔了张士诚。李文忠到达时，叛军已经离去，他亲自安抚了胡大海的守城部队，处理了善后事宜。

处州的苗军统帅李祐之、贺仁得在确知婺州方面杀了胡大海后，也举兵叛乱，杀了判院耿再成、行省都事孙炎、知府王道同以及朱元璋的养子朱文刚（小名柴舍）。李文忠得报，立即派人驻守缙云（今浙江缙云）的黄龙山等处，占据战略要地，以待援军。

衢州城里的苗军也准备叛变，一时间满城风雨，守将夏毅十分恐慌。就在这时听说刘基来到城外，夏毅大喜过望，立即锣鼓喧天地把刘基接进城去。刘基入城后，夏毅实行了紧急措施，加强戒备，并大肆宣传，说大批援军即将赶到，军师刘基已率先入城。刘基的影响真不小，慑于他的声威，衢州的苗兵竟然被镇住了。

浙东的紧张气氛仍未解除。张士诚见蒋英在婺州叛乱，便趁火打劫，派他的弟弟张士信攻打婺州附近的诸全。守将谢再兴率部下鏖战二十九天，终于击败了张士信。不久，张士信再次来犯，兵力增加到十万，将诸全围个水泄不通。李文忠派胡大海的另一个儿子胡德济前去增援，仍未能打破张士信的包围。谢再兴又向李文忠求援，可文忠手下的机动人马已经无可再调，而严州也须重兵把守。危急之中，李文忠这位年仅二十四岁的年轻将领显示出卓越的才干。他得知朱元璋派出的由平章邵荣率领的援兵已在途中，就与都事史炳商议："兵法说'先声而后实'，现在诸全被围日久，敌人声势很盛，我军单弱，只有以计谋取胜。邵平章援处州的大队正在路途，如果借他的声威，张我的声势，也当为制敌一策。”史炳十分赞成，便对外扬言，右丞徐达、平章邵荣带领大部队已经到了严州，就要对诸全发动反击，又使人将宣传布告偷偷张贴在张士信兵将驻扎的古朴岭。张士信和他的将领们一个个骄奢淫逸，无心打仗。在他们的军阵中，也是“以酒令作军令，以肉阵作军阵”，哪里有人愿意冒犯锋镝、出生入死去硬打硬拼呢？所以一听说徐达、邵荣的名字，便偃旗息鼓，准备逃跑了。谢再兴与胡德济得到这个情报，半夜里打开城门突然出击，在一片喊杀声中，敌兵乱作一团，互相践踏，有些落水而死，张士信大败而去。到三月底，邵荣、胡深等收复了处州，浙东的这场叛乱总算平定了。

至正二十三年（1363年）的春天，对朱元璋说来真是祸不单行。就在金华叛乱、处州失守、诸全吃紧的时候，三月十七日，祝宗、康泰在洪都又发生叛乱。祝宗、康泰当初投降就很勉强，胡廷瑞反复开导，晓以利害，二人暂时隐忍。朱元璋带胡廷瑞回应天，而把祝宗、康泰留在江西。胡廷瑞把祝、康的情况详细地做了报告，朱元璋便发使者到洪都，传谕二人带领部队前往湖广，跟随徐达攻打武昌。他们的船队驶至江州东南的女儿港，便宣布造反。这时正好有商人的贩布船经过，他们掠布作旗，直向洪都进发。傍晚抵达城下，飞炮攻城，城内猝不及防，叛兵蜂拥而入。守将邓愈带领几十个骑兵且战且走，一路狼狈，逃回应天，都事万国诚和南昌知府“四先生”之一叶琛等遇害。朱元璋偏爱邓愈，对他失城逃亡竟没有做赵仲中失太平那样的处罚。

洪都叛乱的消息传到徐达军中，他当时正督军进攻武昌，屯驻在湖广沌口。于是，他即刻回师，转攻洪都。祝宗、康泰在占领洪都后，并没有进一步发展，只是死守孤城。面对徐达大军的进攻，自知难以抵抗，便弃城而走。祝宗逃到新淦，被当地守军所杀；康泰跑到广信，被徐达追兵抓获，送往应天。朱元璋念他是胡廷瑞的外甥，没有杀他。洪都平复以后，朱元璋非常高兴，说："洪都控制着荆、越之地，是西南的屏障，得到洪都，就等于砍掉了陈友谅的一条手臂，镇守洪都非得骨肉重臣不可。"五月，他任命侄儿朱文正为大都督，统率赵德胜、薛显两位元帅，和邓愈一起，坐镇洪都。

尽管做了这些善后和补救，朱元璋心里仍然不踏实。想想刘基临走时候的嘱咐，全都应验了，觉得这位伯温先生确实神奇，必须快点把他请回来，暂时不能回来，也要请教一下他对下一步趋吉避凶有何指点。信使往返，六月二十二日，带回了刘基对朱元璋问题的条答，谓："六月、七月间举兵用事，不利先动。当候土木顺行、金星出现则可。"朱元璋对这几句话虽然一时不得要领，但既然六七月间有不吉不利，星相不顺，也就如履薄冰，诸事小心。

至正二十三年（1363年）七月，应天城内果然发生了一件惊天动地的大事，大将平章邵荣和参政赵继祖合谋刺杀朱元璋。

邵荣和赵继祖都是朱元璋在濠州起义时的旧部，尤其是邵荣，足智多谋，英勇善战，与徐达、常遇春被时人称为"三杰"。朱元璋夺取应天根据地后，建章设官，邵荣为行中书平章，仅次于行中书丞相朱元璋，地位在行中书右丞徐达和中书参政常遇春之上。他督师平定了处州的叛乱后，滋长了骄傲情绪，埋怨常年在外征战，不能在应天与家人团聚，尤其对朱元璋有不逊之言。他的一个部下听到后，准备告发。邵荣知道后，提心吊胆，从浙东前线回到应天后，便与中书参政赵继祖、检校宋国兴密谋。赵继祖主张早日下手，邵荣不同意，最后约定趁朱元璋在三山门外阅兵时行刺。阅兵那一天，邵荣在门内设下伏兵，只待一声令下，就冲出行刺。朱元璋来到阅兵场时，似乎感觉到一些异常气氛，显得格外谨慎，邵荣一直找不到机会。阅兵快结束时，突起大风，朱元璋身旁的大旗被吹起来，拍打在他的脸上。朱元璋心头掠过一丝不祥之兆，急忙更换了衣服，在亲军的严密护卫下，抄小路赶回府中。在场的宋国兴看在眼里，恐惧不安，便向朱元璋告了密。

朱元璋得报大怒，同时也觉得不可思议：苗帅和祝宗等人谋反还说得过去，怎么自己的老部下也起了异心了。他下令把邵、赵二人捉起来，用铁链锁住，关在同一个房间，置酒让他们畅饮，责问道："我与你二人一同在濠州起事，指望成就一番大事，共享荣华富贵，始终为一代君臣，你们为什么要这样做？"邵荣说："我们连年在外征战，攻城略地，吃尽了军旅之苦，你却把我们的妻子家小作为人质扣留在应天，使我们不能享受天伦之乐，所以才会有今天的举动。"说完已泣不成声，不肯饮酒。赵继祖大声对邵荣说："要是听我的话早下手，就不会像今天这样如猪狗般被擒了。事已至此，唯有一死，哭有何用！"边说边举杯痛饮。朱元璋本不打算杀死他俩，想"禁锢终身，听其自死"，但将领们都不赞成，常遇春更是气愤地说："邵荣等人忘恩负义，凶恶已极，做出这样天理不容的事来，就是主公不忍心杀掉他俩，我们也与他们不共戴天。"于是，朱元璋下令将他俩缢杀，并满门抄斩。

几次事变都证实了刘基的预言，朱元璋同刘基的书信问答更为频繁，七月底，他派遣使者再持书信前往青田，信中写道："顿首奉书伯温老先生阁下：愚与先生自江西别后，屡有不祥，皆应先生前教之言。幸获殄灭奸党，疆域少安，收兵避暑。遣人专诣先生前，虔求一来，望先生发踪指示耳，日夜悬悬。六月二十二日，克期回得教墨，谕以六月七月间举兵用兵，不利先动，当候土木顺行、金星出现则可。使愚一见教音，身心踊跃，足不敢前。如此者何？盖以先生一二年间以天道发愚，所向无敌。今不敢违教，然择在七月二十一日甲子，未得吉时，是以再差人星夜诣前。望先生以生民为念，德教为心，早赐来临，是所愿也。如或未可即来，可将年月、吉日、时辰、方向、门户择定，密封发来，实为眷顾，唯先生亮察，不备。”在刘基的文集中，这段时间内朱元璋写来的亲笔信还保留了两封，其中一封写于至正二十三年（1363年）年初，信中写道：“顿首奉书伯温老先生阁正：去岁先生行，曾言湖广之事，一去便得。然得不得，直候正月尽间二月内可得。果然。初至湖广，贼人诈降，后又坚壁不出，至今未下，实应先生之言矣。兹者，再行差人赍书诣前，专望先生早为起程前来，万幸，希亮察，不具。”

刘基确实是一个了不起的预言家，他的预言大体可以分为三个类型：一类是长期预测，带有战略意义，对陈友谅、张士诚的战略决策和战役预测都属于这一类。二类是防范性预测，特别是祸患的可能性，如浙江、江西的部队叛变。还有一种是对短期行为和事变的预测。但就刘基对邵荣叛乱所做的预测，不难看到，他的用语相当含混，带有很强的随机性。“六七月间举兵用事不利先动”，可以有很多解释。这类预测的最终解释，往往以事变的结果为定论。

至正二十二年（1362年）初，有一个精于天文、地理、卜筮之学的宁海儒士叶兑，上书朱元璋，畅论取天下大计，提出一纲三目，就准确地预言了事物发展大势。他写道：

愚闻取天下者，必有一定之规模。韩信初见高祖，画楚、汉成败，孔明卧草庐，与先主论三分形势者是也。今之规模，宜北绝李察罕（按：即察罕帖木儿，他汉姓李），南并张九四，抚温、台、取闽、越，定都建康，拓地江、广，进则趋两淮以北征，退则划长江而自守。夫金陵，古称龙盘虎踞，帝王之都，藉其兵力资财，以攻则克，以守则固，百察罕能如何哉。江之所备，莫急上流。今义师已克江州，足蔽全吴。况自滁、和至广陵，皆吾所有，非直守江，兼可守淮矣。张氏倾覆可坐而待，淮东诸郡亦将来归。北略中原，李氏可并也。今闻察罕妄自尊大，致书明公，如曹操之招孙权。窃以元运将终，人心不属，而察罕欲效操所为，事势不侔。宜如鲁肃计，鼎足江东，以观天下之衅，此其大纲也。

至其目有三。张九四之地，南包杭、绍，北跨通、泰，以平江为巢穴。今欲攻之，莫若言掩取杭、绍、湖、秀，而大兵直捣平江。城固难以骤拔，则以锁城法困之。于城外矢石不到之地别筑长围，分命将卒四面立营，屯田固守，断其出入之路，分兵略定属邑，收其税粮以赡军中。彼坐守空城，安得不困，平江既下，巢穴已倾，杭、越必归，余郡解体，此上计也。

张氏重镇在绍兴。绍兴悬隔江海，所以数攻而不破者，以彼粮道在三江斗门也。若一军攻平江，断其粮道，一军攻杭州，绝其援兵，绍兴必拔。所攻在苏、杭，所取在绍兴，所谓多方以误之者也。绍兴既拔，杭城势孤，湖、秀风靡，然后进攻平江，犁其心腹，江北余孽随而瓦解，此次计也。

方国珍狼子野心，不可驯狎。往年大兵取婺州，彼即奉书纳款，后遣夏煜、陈显道招谕，彼复狐疑不从。顾遣使从海道报元，谓江东委之纳款。诱令张昶赍诏而来，且遣韩叔义为说客，欲说明公奉诏。彼既降我，而反欲招我降元，其反复狡狯如是。宜兴师问罪。然彼以水为命，一闻兵至，挈家航海，中原步骑无如之何。夫上兵攻心，彼言杭、赵一平，即当纳土，不过欲款我师耳。攻之之术，宜限以日期，责其归顺。彼自方国璋之没，自知兵不可用，又叔义还，称义帅之盛，气已先挫。今因陈显道以自通，正可胁之而从也。事宜速不宜缓。宣谕之后，更置官吏，拘集舟舰，潜收其兵权，以消未然之变，三郡可不劳而定。

福建本浙江一道，兵脆城陋。两浙既平，必图归附，下之，一辩士力耳。如复稽迟，则大兵自温、处入，奇兵自海道入，福州必不支，福州下，旁郡迎刃解矣。威声已震，然后进取两广，犹反掌也。

——《明史·叶兑传》

朱元璋读罢叶兑的万言上书，不禁击节赞叹。打算授以官职，留在身边参与谋议，而叶兑力辞不就，朱元璋给他很优厚的赏赐，放他回乡了。他的上书为朱元璋规划了清晰的进展蓝图，为中国历史的谋略思想留下了重要文献。

叶兑这封上书对朱元璋的直接影响，是坚定了其对察罕帖木儿和元廷的强硬态度。朱元璋于至正二十一年（1361年）八月曾派遣使臣杨宪到汴梁结好于察罕，后来又派人随方国珍到元大都朝贡。方国珍很是得意，以居间调停者自诩，积极穿梭联络，以图两边讨好。

至正二十二年（1362年）六月，察罕帖木儿被降将田丰和王士诚刺杀。朱元璋长舒了一口气，说道："天下无人矣。"这就促使朱元璋遵循叶兑的建议，对元廷的态度进一步强硬起来。这年十二月，通过方国珍的联系，元廷派户部尚书张昶、郎中马合谋、奏差张琏带着皇帝诏书封朱元璋为江西行省平章。他们从海道先到庆元，方国珍派韩叔义和燕敬通报朱元璋，并劝他接受，但遭到拒绝。方国珍心里害怕，把张旭等送到福建行省平章燕只不花那里。燕只不花通过朱元璋的建昌守将王溥劝说朱元璋接纳张昶，终于朱元璋派人前去迎接。

手下遵照朱元璋的嘱咐，在应天城外扒了张昶等人的衣服后领他们到朱元璋面前。朱元璋命令重新赐给他们衣服。张昶等并不拜谢，朱元璋怒斥道："元廷不明世变，到这时候还敢派你们来煽惑我的军民！"说罢命令拉出去砍头，张昶默无一言，只有马合谋骂不绝口。朱元璋私下盘问张昶，问起他朝廷里的情况，张昶如实回答。朱元璋决定留下他。待傍晚行刑时，用一个死囚替代张昶，同马合谋、张琏一起处死，而后传首到福建边界悬挂示众，行刑的刽子手和监刑官也同时被杀。几天以后，朱元璋笑着对宋濂等人说："元廷送来一个大贤人给我。以后，尔等可与他相互切磋讨论。"待人走出来一看，却原来是这位被"砍了头"的户部尚书。这样，朱元璋既收留了熟悉元朝内情的人，又对自己的部下表示了与元廷的决绝，以鼓起他们决战的勇气。

西线决战

至正二十三年（1363年）是朱元璋的坎坷之年。在经历了内乱的风风雨雨之后，朱元璋迎来了新的一年——至正二十四年（1364年）。这一年，朱元璋做了两件大事：第一件是援救安丰，第二件是在鄱阳湖与陈友谅决战。

至正二十三年（1363年）二月初二，张士诚向安丰刘福通发动大规模进攻。刘福通退保安丰，势力陡降。田丰、王士诚于至正二十二年（1362年）六月刺杀察罕帖木儿，安丰为之一振。但察罕帖木儿的外甥养子王保保即扩廓帖木儿，很快向田丰、王士诚据守的益都发动了反击。九月，击败安丰方面策应益都的援军，十一月，攻益都，山东一下子又转归元朝。刘福通的安丰之地陷入更大困境，张士诚派出大将吕珍做先锋，张士信大队压阵，直向安丰扑来。几十天围城弹尽粮绝，刘福通在绝望中派人去应天求见朱元璋，请求他一伸援手。

朱元璋担心张士诚攻破安丰后，如虎添翼，从北面威胁自己的根据地，而且考虑到君臣名分，决定亲自赴援。这时，刘基已提前守完家丧，回到应天。他认为，张士诚胸无大志，只求割地自守，不会有什么作为。眼下的劲敌依然是陈友谅，他时刻都在寻找机会，沿江东下，争夺霸业。

如果出兵救援安丰，陈友谅很可能乘虚而入，因此，还是应该先集中精力对付陈友谅，消灭了陈友谅后，再进攻张士诚，如此一来便如同囊中取物般容易了。另外，把小明王救出后也不好安置。他的意思是坐视不救，借张士诚之手除掉这个名分上还统辖应天政权的皇上。但是，朱元璋听不进去，他不相信陈友谅在经过了一连串的失败后，会迅速调集力量与自己决战，他要像快刀斩乱麻那样击败张士诚围攻安丰的部队，再回过头来对付陈友谅。三月初一，他亲自率领徐达、常遇春两员最得力的大将和主力部队向安丰进发。

朱元璋的军队到达安丰时，吕珍恰将安丰攻破，刘福通战死，小明王被朱元璋救出。朱元璋随即与吕珍展开激战，猛将常遇春率先冲锋，三战三捷。吕珍抵挡不住，只有败退。接着，朱元璋又命徐达、常遇春攻打庐州（今安徽合肥），自己则先回应天，并摆设銮驾迎小明王同行。途经滁州（今安徽滁州），命造宫殿，将小明王安置在那里，供养起来，同时把他的左右侍臣全都换上自己的心腹，便于监视，这样就把小明王完全控制起来了。

果然不出刘基所料，陈友谅虽然对朱元璋作战两次失利，但是蹶而复起，毫不气馁。三月，朱元璋兵发安丰；四月，他就做好了一切出击准备。帆樯如林，战旗如云，浩浩荡荡地率领大军六十万，蔽江而下，连家属百官都乘载而来，志在必取。

四月二十三日，兵围南昌，大都督朱文正布置诸将进行了顽强抵抗。他命参政邓愈守抚州门，元帅赵德胜守宫步、士兵、桥步三门，指挥薛显守章江、新城二门，元帅牛海龙守琉璃、澹台二门，他自己率两千精锐，居中节制，往来策应。四月二十七日，抚州被攻破三十多丈，邓愈用火炮击退敌兵，紧急竖起木栅。陈友谅兵再次涌上争夺木栅，朱文正督兵死战，一边拼杀，一边筑城，一个晚上就起筑完毕。朱文正、邓愈他们以不足万人的兵力，从四月到六月就抗击着陈友谅十几万大军，把个南昌城守得如铁桶一般。元帅赵德胜以下多员战将战死，损失惨重。由于陈友谅的层层包围，南昌与外面断绝了一切消息，南昌已是孤城一座。六月十五日，朱文正派千户张子明夜乘小舟摸出敌营到应天告急。陈友谅营垒结扎数百里，张子明夜行昼止，走了半个月才到应天。朱元璋听到报告，问陈友谅兵势如何，张子明对朱元璋说："陈友谅的兵虽盛，战死的也不少。现在江水不旺，对贼兵大舰不利，又师久粮乏，若援兵一到，必可破敌。"朱元璋见前线将士在如此困难的情况下，仍然坚守不屈，而且信心很足，不禁大喜，对张子明说："你回去告诉文正，要他再坚守一月，我一定让陈友谅有去无回。"张子明返回时，在湖口被捉获。陈友谅告诉他："你只要能诱降朱文正，保你富贵。"张子明答应。他们一起来到城下，张子明突然对城内喊道："已见过主公，大军马上就要到了，请都督坚守住。"张子明被杀了，却鼓舞了守城将士的士气。

当时，朱元璋的两员大将徐达、常遇春正在围攻庐州。庐州守将左君弼原来也是红巾军，后来投靠了张士诚，出兵帮助吕珍攻打安丰。朱元璋击退吕珍后，即派徐、常二人攻打庐州，但庐州城池坚固，一时无法攻下。朱元璋认为不能因为庐州而失了洪都，就急忙命他俩撤围回师。七月六日，朱元璋援救洪都的军队与徐达、常遇春军在龙江会师，共二十万人马，杀奔洪都。

这一仗是一个双方主力相拼的生死之战。七月十六日兵至湖口，他派指挥戴德率一支部队屯驻江北泾江口，另派一支屯于紧靠湖口的南湖嘴，像两把铜锁，紧锁住鄱阳湖北出长江的门户，彻底断了陈友谅的归路。又派人传谕信州，出兵驻扎南昌东南的武阳渡，以防陈友谅部队从南部奔逃。陈友谅既是倾国出动，正要一决雌雄，在七月十九日主动撤去南昌之围，东出鄱阳湖，做伏虎欲纵之势，迎击朱元璋。

七月二十日，两军遇于鄱阳湖南部的康郎山。陈友谅排列舟师，摆成矩形阵。朱元璋说道：“他的大舟首尾衔接，不利进退，很容易攻破。”便将自己的舟师分成十一队，火器、弓弩依次排列。告诉诸将：“先发火器，次发弓弩，接近敌舟，则用短兵器击刺。”

七月二十一日，徐达、常遇春、廖永忠等首先率部发起攻击。徐达一马当先，在炮、弩掩护下冲向敌阵，在短兵相接之际，杀敌一千五百余人，又俘获一艘巨舰。初战告捷，将士们对陈友谅参天大舰的畏惧情绪为之一扫，士气登时振作。俞通海乘风火炮连发，炮炮击中目标，陈友谅二十多艘战舰起火沉没。陈友谅以火炮对攻，朱元璋战舰多艘被打得粉身碎骨，元帅宋贵、陈兆先等阵亡。突然，徐达战船中弹起火，敌舰乘势猛扑过来，徐达指挥部队一边救火，一边搏斗。朱元璋见状，急忙派舰救援。徐达与援军夹击敌舰，呼声震天，敌舰逃离战场。

陈友谅的太尉张定边发现了朱元璋的指挥舰，便拼了命地追赶上去。这时，恰逢朱元璋战舰搁浅，动弹不得，舰上将士虽奋力抵抗，但其他敌舰渐渐聚拢包围而至，形势相当危急。指挥韩成要求假扮成朱元璋的模样，诳骗敌人。朱元璋起初不答应，在韩成的反复要求下，只好将自己的袍服冠冕脱给韩成。韩成穿戴整齐，在船头炫耀晃动一番，做出指挥的样子，随即投水而死。张定边的将士齐声欢呼，攻势立时松下来。这时，常遇春催舟赶到，一箭射去，恰好射中张定边。俞通海、廖永忠也努力挥舟向朱元璋靠拢，这一冲击水波却把朱元璋座舰启动，脱离了危险。张定边不敢恋战，拨舟而撤，廖永忠紧追不舍，乱箭齐发，张定边身中数箭，狼狈而逃。常遇春援救朱元璋时奋力搏击，一下子把自己的战舰冲进浅流，搁浅了，朱元璋返回头去解遇春之围，与敌兵交手。眼看天色将晚，常遇春仍然没能挣扎出来。可巧有败退的战舰自上而下漂流而来，撞上常遇春的战舰，将它撞出浅滩。双方激战了一整天，一直进行到夜幕降临，才各自收兵。朱元璋部将陈兆先等人战死，张定边也身中数余矢，鲜血染红了盔甲。当晚，朱元璋担心张士诚趁机进攻应天，命令徐达回守。

二十二日，战斗进行到第三天。朱元璋亲自督战，把水师分成左中右三队，向前进攻。陈友谅的战舰连锁为阵，旌旗招展，抬眼望去，如一排排山峦。朱元璋的舟船以小击大，损失惨重。左翼军开始向后退却，朱元璋下令斩了十个队长，但仍不能阻止败退之势。他的部将郭兴对他说："不是将士们不服从命令，实在是双方舟舰的大小太过悬殊，现在非用火攻不可。"一句话提醒了朱元璋，他吩咐常遇春调来七艘渔船，装满芦苇，放上火药，外面遮上棚架，进行伪装，还扎了许多稻草人，穿戴甲胄，各执兵器。挑选了一批敢死队员，驾驶这些草船。傍晚时分，湖面刮起了东风。七艘草船借着风势驶向敌舟，接近时，敢死队员一齐纵火，风急火烈，陈友谅的战舰一下子燃烧起来。陈友谅的巨舟由于互相连接，无法摆脱，火势迅速蔓延开来，浓烟蔽日，一片火海。朱元璋趁机挥师进击，陈友谅的水师伤亡过半。陈友谅的弟弟陈友仁，号称"五王"，只有一只眼，骁勇善战，也死于乱军之中，他的另一个弟弟陈友贵以及平章陈普略都被烧死。

二十三日，双方继续交战。朱元璋的水师开始占据了主动，但他乘坐的大白船很醒目，陈友谅督师猛攻，朱元璋几度陷于绝境。于是，朱元璋在晚上下令把所有船只桅杆和船身都涂成白色。天明再战时，陈友谅无法辨认哪艘是朱元璋的指挥舰。湖面上，陈友谅的水舟是红色的，朱元璋的战船是白色的。双方混战在一起，红白相间，令人眼花缭乱。俞通海、廖永忠、张兴祖、赵庸等人驾着六条白船深入敌阵，不一会儿就在巨大的敌舰中消失了。朱元璋以为他们必死无疑，可突然间，六条白船又冲出敌阵，如游龙一般在水中来回穿梭。朱元璋的将士们不禁齐声欢呼，勇气倍增。这时，陈友谅军开始发炮，炮弹落处，响声震耳欲聋，波涛耸起。正在朱元璋身边侍立的刘基觉得情况异常，大喊："主公快离开！"便拉着朱元璋登上了另一艘船，人还没有站稳，就听得一声巨响，他们刚才乘坐的那艘战船就被炮火击碎。陈友谅从远方望见，以为朱元璋已经死了，开怀大笑。忽见朱元璋又在另一艘白船上出现，继续指挥，不由大惊失色。陈友谅招架不住，撤出战斗，遗弃的旌旗器杖在湖面上到处漂流。朱元璋见到凯旋的俞通海等人，高兴地慰问说："今日大捷，全靠诸君之力。"

陈友谅见无法取胜，想退守鞋山（今鄱阳湖的大孤山），但已被朱元璋军占领，其他通往长江的出口也被封锁，只好敛舟自守。朱元璋的军队伤亡也很惨重，刘基建议稍作休整，利用机会瓦解敌军，说是等到金木相犯的吉日决战。朱元璋表示同意，并指示在退却时要小心谨慎，因为这时水路狭隘，不能双舟并行，容易遭到敌人袭击。他们选择了夜间撤退。每一艘舰船各置一灯，首尾衔接。到天明，便安全地停泊在鄱阳外湖左蠡地方。随后，陈友谅也移舟北上，停泊在与朱元璋隔岸相对的渚矶。

三日来，湖面寂然无声。到第四天，陈友谅左右金吾二将率师来降，陈友谅更为衰竭。朱元璋与刘基定计，设法激他的虚火，就修书与陈友谅，信中写道："我欲与公约纵以安天下。公失计，肆毒于我。我是以下池阳，克江州，奄有公龙兴十一郡。今犹不悔，复起兵端，一困于洪都，再败于康郎，杀其弟侄，残其兵将，损数万之命，无尺寸之功，此逆天理、背人心之所致也。公乘尾大不掉之舟，顿兵敝甲，与吾相持，逞其狂暴之性，正当亲决一战，何至徐徐随后，若听我指挥者，无乃非丈夫乎！公早决之。"

最后两句话像针芒刺进了陈友谅的心脏，他歇斯底里地撕碎来信，下令把朱元璋的战俘全部推出去斩首，扣住使臣不放，并加强巡逻，伺机逃窜。

朱元璋当然不会让煮熟的“鸭子”飞掉，他派常遇春、廖永忠等率舟师出湖口，横截湖面，断其归路。又命一支军队在岸上竖立木栅，挫败了陈友谅登陆的企图。这样又围困了半个月，陈友谅军中粮断，他遣人乘五百条舟船去湖东岸的都昌抢粮。当抢粮船返回时，朱文正派部将陈方亮将之截获烧毁，陈友谅万般无奈，只得冒险突围。八月二十六日，他率领一百余艘舟舰向湖南嘴移动，想从那里进入长江，退归武昌，但遭到朱元璋水师的顽强阻击。朱元璋亲自赶来督战，两军的舟相连顺流而下，同时展开战斗。从上午到下午，激战不已。在泾江口，陈军又遭到朱元璋伏兵的袭击。陈友谅督军死战，朱元璋坐在船上的胡床上指挥。忽然雨点般的流矢袭来，朱升疾把朱元璋推进船舱。回头看时，已有几根流矢射中胡床。这时，陈友谅从自己乘坐的舰船窗里探出脑袋张望，想看看是否射中了朱元璋。这边郭英看得真切，搭弓劲射，陈友谅躲闪不及，利箭直贯其目，并从头颅穿出，他惊呼一声，当场毙命。陈友谅一死，手下将士全无斗志，太子善儿、平章姚天祥等被生擒，五万多人缴械投降。太尉张定边趁着茫茫夜色，划一条小船，载上陈友谅的尸首及其子陈理，突出包围，逃回武昌。朱元璋大获全胜。有人建议乘胜直捣武昌，朱元璋不同意，说：“穷寇勿追。如果乘胜急追，他们必然死斗，杀伤必多。”所以只派出一支人马追击张定边，自己则率诸将返回应天。

历时四十多天的鄱阳湖大战，以朱元璋的胜利而结束，陈友谅以三倍之兵力而最终兵败身亡。在元末战争史上，这场鏖战打得最激烈、最残酷、最悲壮，它奠定了朱元璋王业的基础。透过战争的全过程，可以看到朱元璋在应付突发事件中从容不迫的气度胸襟和驾驭指挥大战的卓越才能，同时也可以看到刘基对战局进程的判断是何等准确，对陈、张二人个性的分析是多么透彻。倘若在朱元璋生死拼搏的关键时刻，张士诚从背后插上一刀，后面的历史就有可能重写。但，徐达的一支小小部队驻扎应天，张士诚的几十万大军竟然坐守不动。倘若陈友谅或他手下有一批人多谋善断，避开了南昌攻坚，以疾风迅雨之势直捣应天，那鹿死谁手就很难预料了。所以战争结束之后，朱元璋在兴奋之余，也有些后怕，他后悔没有听刘基的劝告，一着不慎，几乎全盘皆输。他对刘基说："不听先生之言，而有安丰之行。假如陈友谅趁我军之出，应天空虚，顺流而下，我进无所成，退无所归，大势去矣。陈友谅不攻应天而攻洪都，拙劣至此，不亡何待？"

这里是讲陈友谅丧失战机的战略错误，但是，就鄱阳湖大战本身说，优势仍在陈友谅方面。九月初六，朱元璋从湖口回到应天，论功行赏而后，曾对鄱阳湖战役进行过一次讨论。将领们说，陈友谅兵据鄱阳，先处上游，以逸待劳，既占天时，又占地利，为什么最终失败，请朱元璋发表意见。朱元璋说："古人说，天时不如地利，地利不如人和。陈友谅兵虽强大，但是人各一心，上下猜疑。而且，接连打败仗，却不知养威待时，今天东边一仗正疲劳不堪，明天又把队伍拉到西边，仗仗劳而无功，丧了士气，失了人心。兵贵待时而动，动则威，威则胜。我以待时而动之师，威慑不振之敌，将士齐心，人人奋勇，如鹰扑雀，这就是我之所以战胜陈友谅的道理。"朱元璋在这里除讲了人心向背，还讲了积蓄力量，待时而战，战则必胜，永葆士气旺盛的战法诀窍。

张定边逃脱了朱元璋的追击回到武昌以后，立陈友谅的儿子陈理为皇帝，改元德寿，企图重整旗鼓。经过二十多天的休整，不等陈氏政权复苏，朱元璋便于九月十六日亲率常遇春、康茂才、廖永忠、胡廷瑞等将领水陆并进，征讨武昌。十月初七，到达武昌城下。令常遇春等四门立栅安营，又在长江连舟成长寨，断绝武昌城内外的出入，采取围而不打的战法。另外派遣分支部队，攻打汉阳、德安等州郡，使湖北各路府纷纷降附。

十二月初一，朱元璋离武昌回应天，命常遇春为前敌总督，告诉他：“现在张定边就像一头小猪被锁在圈里，欲出无门。他如果来叫阵，一定不要与他开战。你只要坚守营栅，不怕他不降。”常遇春谨遵军令，日夜围困，张定边咬紧牙关，闭门固守。至正二十四年（1364年）二月十七日，朱元璋再度抵达武昌，亲自指挥攻城。张定边曾把希望寄托在驻守岳州的丞相张必先身上。这个张必先骁勇善战，外号泼张，眼下已把部队开到距武昌二十里的洪山。朱元璋命常遇春乘张必先立脚未稳，突然发起攻击，一战擒获。随即把张必先捆至城下，向张定边劝降。朱元璋命陈友谅的旧臣罗复仁前往说降，对他说：“我并不是兵力不足，因此长久在这里驻师，完全是为了免伤生灵。你把这话转达给他们。”罗复仁走到城下放声痛哭，陈理把他召入，二人又抱头大哭。罗复仁转致了朱元璋的意思，陈理、张定边被迫开城投降。这里朱元璋正准备受降，陈友谅的一员猛将陈同佥突然持枪闯入朱元璋军帐。朱元璋喊道：“郭四，为我杀了此贼！”说时迟，那时快，郭四，即帐前亲军指挥郭英抢前一步将陈同佥刺死。朱元璋说：“好郭四，真像当年唐王的尉迟敬德。”于是把自己的战袍脱下，赐给了他这位贴心的小舅子。

二月十九日，陈理上身袒露，口衔圆璧，率张定边等到军门投降，朱元璋的部队浩浩荡荡开进武昌城，附近沔阳府、荆州、岳州等地相继而降。至此，陈友谅的势力基本铲除。遂设湖广行中书省，以枢密院判杨璟为参政，驻守武昌，分遣徐达、常遇春等攻掠湖广、江西等路府州县。

朱元璋在西线取得了全面胜利，不料洪都城里又差点酿成事端。

江西按察使李饮冰秘密奏报朱文正有谋反迹象，朱元璋听了简直有点不敢相信，可事情并非空穴来风。原来，祝宗、康泰叛乱被平定后，朱文正以大都督府大都督的身份坐镇洪都。他仗恃自己在平叛及洪都保卫战中屡立战功，变得骄纵起来，并且淫逸无度，经常四处掠夺民间女子，尽情享乐。他还放纵部下夺民妻女，搞得到处人心惶惶，妇女甚至不敢出门。鄱阳湖大战之后，朱元璋赏赐诸将，常遇春、廖永忠封赐最厚，其他将领也都得到赏金，唯独朱文正因掠民妻女及军纪问题，没有任何赏赐。朱文正不服，口出怨言，被人报告给朱元璋。朱元璋派人前去责问，朱文正当面谢罪，事后又担心朱元璋不会轻易放过他，因而，萌发了投奔张士诚的念头。朱元璋接到举报，怕夜长梦多，日夜兼程赶到洪都。来到洪都城下，传令朱文正觐见。他见了朱文正，劈头就问："你怎么也想造我的反？"便把他带回应天。朱元璋又气恼又伤心。早年在滁州时，朱文正随母亲前来投奔的情景仿佛就在眼前。从那时起，他把朱文正收养在身边，视为心腹，委以重任，想不到他竟起了异心。朱元璋本想把他处死，但马王妃替他说情。于是，朱元璋改变了主意，免了他的官，把他禁锢在桐城。朱文正郁郁寡欢，不久就病死了。朱元璋把文正四岁的儿子铁柱叫到身旁，对他说："你父亲不听教诲，做出不仁不义的事来，辜负了我的一片期望。你要争气，长大后，我照旧给你封爵，你不会受你父亲牵连的。"铁柱后来改名守谦，封为靖江王。这件事虽然没有引出大祸，但对朱元璋的触动却很大。他心想：连自己的子侄都会动谋反的念头，更何况普通将领呢？残酷的事实使他在心里埋下了猜忌部下的种子，对他们的监督、防范更严密了。

平张士诚

至正二十四年（1364年）正月初一，朱元璋从吴国公自封为吴王。不过，他仍然承认滁州韩林儿这位宋皇帝，布告、公文、手令等署作“皇帝圣旨，吴王令旨”。

朱元璋将行中书省改为中书省，置中书省左右相国。以李善长为右相国，徐达为左相国，常遇春、俞通海为平章政事，汤和为左丞，邓愈、杨璟为参政，汪广洋为右司都事，张昶为左司都事。将枢密院正式改为大都督府，各翼元帅府改为卫。取消枢密、平章、元帅、总管、万户等杂乱无序的旧官名，一律以所统兵马的多少编制序列，有兵五千者官名指挥，一千者为千户，一百者为百户，五十者为总旗，十人者为小旗。谏议官设起居注、给事中，监察官设按察司。中书省、行中书省及以下府州县行政体系已初具规模，官员品级制度、朝参制度也建立起来。

官僚制度已逐步健全，但官僚人员的补给出现困乏，朱元璋便令中书省广泛搜罗人才，说：“自古圣帝明王建邦设都，必得贤士大夫相与周旋，以成至治。今土宇日广，文武并用，卓荦奇伟之才，世岂无之，或隐于山林，或藏于士伍，非在上者开导引拔之，则在下者无以自见。自今能有上书陈言、敷宣治道、武略出众者，参军及都督府具以名闻。若其人虽不能文章，而识见可取，许诣阙面陈其事，吾将试之。其郡县官年五十以上者，虽练达政事，而精力既衰，宜令有司选民间俊秀年二十五以上，资性明敏、有学识才干者，辟赴中书省，与年老者参用之。十年以后，老者休致，而少者已熟于事，如此则人才不乏而官使得人，尔中书省其下有司宣布此意，悉令知之。”这就把官吏的选聘征辟作为一项制度建立起来。他所设想的青老年分用、取长补短，并保证政事的连续性，独具高超的见识。

朱元璋清楚，最重要的是在思想上转入纲常礼法的治理轨道。他于至正二十四年（1364年）正月初一即吴王位，正月初三退朝后便对相国徐达等武将们说：“你们为百姓着想，既然拥戴了我，可知建国之初首先考虑的应该是什么？是正纲纪。元廷的昏乱，就在于纲纪不立，以致主荒臣专，威福下移，法度不行，人心涣散，天下大乱。你们将相大臣辅佐于我，就应该以元廷的失误为镜子，同心协力，以成功业。”又说：“礼法，就是国家的纲纪。礼法立，人心定，上下安。建国之初，最先着意的就是这件事。”意思是说：再不要说大家都是一起混过来的朋友兄弟，没个上下尊卑，今后要君臣分明，讲究个等级名分，用君臣之间的庄重、严肃和敬畏，取代轻忽、戏谑和怠慢。这些话显然对那些一起渡江特别是一起种过田、放过牛的将军们是一个严肃的警告。

对这时全国的形势，朱元璋在至正二十四年（1364年）四月有一个大略的分析，他说：“今天下用兵，河北有孛罗帖木儿，河南有扩廓帖木儿，关中有李思齐、张良弼。河北孛罗有兵而无纪律，河南扩廓有纪律而兵不振，关中李思齐、张良弼则道路不通，粮饷不继。江南唯有我与张士诚。张士诚多奸谋，尚间谍，御众无纪律。我以数十万之众，修军政，任将帅，待时而动，消灭张士诚指日可待。”

朱元璋消灭了西部劲敌陈友谅后，开始把视线移向东部的张士诚。

至正二十三年（1363年），张士诚已在平江（今江苏苏州）自立为吴王。张士诚停止往大都运粮，与元廷断绝了关系。

历史只给了张士诚两次机遇，一次他没有去把握，另一次他没有把握好，只是不痛不痒地围攻诸全新城，并未触及朱元璋的根本。等到朱元璋从西线腾出手时，东部战场的主动权就开始掌握在他手中，而张士诚只有被动挨打的份儿了。

这时，张士诚所据守的疆土，南至绍兴，北领通州、泰州、高邮、淮安、宿州、濠州、泗州，一直到达山东的济宁。朱元璋决定先清扫江北，而后南下江浙，攻其心腹，做到步步逼近，万无一失。

至正二十六年（1366年）十月，朱元璋以张士诚"屡犯其境"为由，誓师攻灭东吴。他针对张士诚淮东防守比较薄弱，而且与浙西中间隔着长江、南北兵力不便支援的弱点，制定了"先取通、泰诸郡县，剪士诚肘翼，然后专攻浙西"的战略方针。按照这个计划，整个战争分三个步骤进行。

第一步是攻取淮东，剪其羽翼。

十月十七日，徐达、常遇春、冯国胜、华高等人率马步舟师，水陆并进，直扑泰州，驻军于海安坝上。守将严再兴坚守不出，徐达疏通河道以便舟船行驶，随后包围泰州，击败了张士诚的援兵。张士诚出动四百艘战舰驶进江阴东面的范蔡港（今江苏沙州西），并向江阴方向移动，做出攻取江阴、直趋上流的态势，企图诱使徐达回守江阴，分散他的兵力，然后再进攻包围泰州的军队。果然，江阴守将康茂才告急。朱元璋经过冷静分析，识破了张士诚的意图，他派人传谕徐达只让廖永忠率小部分军队增防江阴，而大军继续留在原地，围攻泰州。不久，朱元璋得到报告，说常遇春遇到敌兵挑战，出海安七十里追击，而敌兵不过万人。他判定这又是张士诚的诡计，传命常遇春不要受敌引诱，坚持以主力攻打泰州。张士诚的计谋没有得逞。十月二十六日，徐达、常遇春攻下泰州，活捉了严再兴。

徐达乘胜进逼兴化，击败守将李清，再攻高邮。朱元璋担心徐达深入敌境，不便于策应诸将，指挥全局，命他还师泰州，坐镇调度，而遣冯国胜继续攻打高邮。

高邮守将俞同佥派人到冯国胜营中诈降，相约以推倒城中女儿墙为信号。冯国胜信以为真，当晚即派康泰率一千人入城，结果全部被杀。朱元璋闻讯大怒，把冯国胜召到应天，下令打了他几十大板，并罚他步行回高邮。冯国胜把一肚子的气都撒在战场上，督令将士拼命攻城，徐达也领兵支援。两人合兵一处，很快攻破了高邮，生擒了俞同佥。

在徐达回防泰州的时候，朱元璋同时派兵攻伐濠州、泗州、安丰。至正二十六年（1366年）四月初九，攻克朱元璋的家乡濠州。四月十一日，徐州守将陆聚以徐州、宿州二城向徐达投降。朱元璋命陆聚为江淮行省参政，仍然驻守徐州。四月二十日，徐达率部攻克左君弼等控制的安丰。张士诚的淮东、淮西之地全部落入朱元璋的掌控之中。

朱元璋听到家乡濠州克复，感到特别兴奋。如果从草葬父母、由汪大娘礼送皇觉寺算起，离开钟离太平乡孤庄村那个生他养他的地方已有二十一个年头，从投军后离开濠州南略定远，也有整整十二年。朱元璋决定回乡祭扫父母的坟墓。四月初九攻克濠州，四月十三日便从应天出发，这是他首次衣锦还乡。

至正二十七年（1367年）四月底，兴化、宿州、安丰等地相继被攻占，淮东平定。

第二步是攻取湖州、杭州、嘉兴，断其两臂。

是年七月底，朱元璋召开军事会议，讨论的主题是何时对张士诚发起进一步的攻击。李善长认为虽然张士诚屡遭挫败，但他手中仍握有重兵，加上地广民富，立即进攻恐无取胜把握，主张放慢节奏，寻隙而动，此看法得到了多数人的赞同。但徐达不同意，他提出应立即出兵，理由是“张氏骄横，暴殄奢侈”，正是灭亡他的大好时机。朱元璋笑着对徐达说：

“其他人局于所见，没有说到点子上，只有你的看法符合我的意思，看来事情一定能够成功了。”于是，下令诸将检阅士卒，择日启程。

大将常遇春有点急于求成，一心想直捣平江，说：“逐枭者必覆其巢，去鼠者必熏其穴。此行应直取平江，平江既破，其余诸郡可以不劳而下。”朱元璋分析说：“张士诚是私盐贩出身，与湖州守将张天祺、杭州守将潘元明等人都是蛮横之徒，又相为手足。张士诚有难，张天祺、潘之明必然全力来救，援兵四合，我军难以获胜。不如先攻打湖州、杭州，使他们疲于奔命，剪其羽翼，然后移兵平江。这样就可以胜券在握。”常遇春还想坚持自己的想法，朱元璋生气地说：“攻湖州失利，是我的责任；如攻平江不克，我就拿你问罪。”常遇春这才没话说。其实，像这种必胜之仗，还要有必胜之算，长处在持重，在缜密，失算在冒进，在轻敌。完全可以走迂回的路，稳扎稳打，没必要冒险一搏。朱元璋的战略，事实证明是正确的，当初叶兑上书的建议也是如此。

与此同时，朱元璋发布讨张檄文，列举士诚的八条罪状，檄文如下：

惟兹姑苏张士诚，为民则私贩盐货，行劫于江湖，兴兵则首聚凶徒，负固于海岛，其罪一也。又恐海隅一区，难抗天下全势，诈降于元，坑其参政赵琏，囚其侍制孙抟，二也。厥后掩袭浙西，兵不满万数，地不足千里，僭号改元，三也。初寇我边，一战生擒其亲弟，再犯浙西，杨苗直捣于近郊，首尾畏缩，又乃诈降于元，四也。阳受元廷之名，阴行假王之令，挟制达丞相，谋害杨左丞，五也。占据浙江钱粮，十年不贡，六也。知元纲已坠，公然害其丞相达失帖木儿，南台大夫普化帖木儿，七也。恃其地险食足，诱我叛将，掠我边民，八也。凡此八罪又甚于蚩尤、葛伯、崇唤，虽黄帝汤文与之同世，亦所不容，理宜征讨，以靖天下，以济斯民。

——参见《野记》

此时，无论从舆论上还是军事上已做好讨伐张士诚的一切准备。

这是一篇成熟的政治宣言，若撇开署名只从口气上看，倒像是元廷政府发布的檄文。这里，朱元璋公开指责红巾起义军是妖言惑众的烧香之党，咒骂他们焚毁城郭，杀戮士人，这就彻底否定了自己当年投身郭子兴起义军进行反元斗争的历史，以显示他是济世安民、应运而生的王者，而非一般的流民草寇，这无疑是在为其日后登基制造舆论。他罗列张士诚的罪状，也多是说他反叛元廷，而把自己装扮成维护封建王朝的救世主。他当然不会真的去拯救垂死的元廷，只不过是暂时利用一下它的招牌去最大限度地孤立和打击眼前首要的敌人。在和最后的对手决战以前，非但不去触动元廷，反而在政治上发表了讨伐的檄文，朱元璋不愧是一位深谙策略斗争的高手。

八月初四，徐达、常遇春统军二十万，水陆齐发，向太湖挺进。八月二十五日，到达湖州城外的三里桥，湖州守将张天祺分兵三路出城迎战，徐达也拉开了阵式。常遇春军中的一位占卜术士说，今天不宜出战。常遇春不予理会，说："两军相遇，不出战还等什么！"拍马直冲敌阵，军士们呐喊着一齐往向冲。张天祺吃了败仗，退回城中，闭门不出，徐达、常遇春趁势包围了湖州。

湖州的胜败，对张士诚来说是生死攸关的，必然倾全力救援。徐达兵临城下，张士诚遣平章朱暹、王晟、同佥戴茂、吕珍、院判李茂，以及他的五太子，率军六万但号称二十万，屯驻湖州城东的旧馆，筑成五个营垒，倚背自固，互为声援，意在对敌内外夹击。徐达、常遇春、汤和等分兵驻扎于旧馆以东东阡镇南面的姑嫂桥，筑十垒相连，以截断对旧馆的援军，显然是要布置一场湖州城外的旧馆大战，张士诚的当务之急一下子又成了对旧馆的增援。他派出女婿潘元绍兵出乌镇，从东南方向策应旧馆，徐达则以打援战术围困旧馆的军队。他于夜间突袭乌镇，将潘元绍赶回嘉兴，接着填塞旧馆附近沟港，断绝他的粮道。燃眉之际，张士诚亲自率部自嘉定方向增援。徐达也亲自率精锐南下截击，皂林一战，大获全胜，俘虏甲士三千，张士诚败走。九月十二日，张士诚改侧面救援为正面进攻，派同佥徐志坚以舟师出东阡镇，袭击徐达姑嫂桥之垒。徐达趁大风雨天气派常遇春率勇士划数百只轻舟向敌船冲袭，敌舰闻风丧胆，纷纷败逃，徐志坚以下两千余人被俘。

十月，常遇春攻破湖州与旧馆之间的升山陆寨，守将王晟投降。徐达再攻升山水塞，张虬从旧馆率水师援助，与常遇春展开激战。常遇春用火攻，烧毁了张虬的战船，张虬、吕珍、朱暹被迫出降，旧馆守军覆灭。

徐达把吕珍、王晟带到湖州城下，对李伯昇劝降。吕珍不愿向城里喊话，被徐达斩于城下。李伯昇知道湖州已不可守，但觉得自己深受张士诚厚禄，不忍背叛，于是想抽刀自杀，被左右抱住。这时，张天祺已打开城门出降，李伯昇不得已也只好投降。

在徐达大军对湖州进行攻坚战时，朱元璋还派李文忠攻打杭州，华云龙进攻嘉兴，以牵制张士诚。

李文忠先攻克了新城和富阳等地，接着进兵余杭。

余杭攻下，杭州已没有屏障可恃，守将潘元明主动请降。李文忠整队入城，潘元明率部众列队欢迎，还把杀害胡大海来投的苗军将领蒋英、刘震捆绑起来交给李文忠。为了讨李文忠的欢心，潘元明叫来一队女乐歌伎，载歌载舞，表示欢迎，被李文忠大声斥退。朱元璋对杭州全城归顺感到非常高兴，命以原官守城，听从李文忠节制。同时，对蒋英、刘震等人加以严惩，特命摆置胡大海的灵堂，悬挂他的画像，将二人斩首，用他们的血祭祀胡大海的灵位。

嘉兴和绍兴等地也不战而降。

第三步是围困平江，捣其巢穴。

徐达兵围封门，常遇春围虎丘，郭兴围娄门，华云龙围胥门，汤和围阊门，王弼围盘门，张温围西门，康茂才围北门，耿炳文驻城东北，仇成驻西南，何文辉驻西北，八面筑垒，旌旗相望，阵势赫然。但是，苏州城布防坚固，加上粮草充足，外有无锡莫天祐的声援，徐达几次攻击都没能奏效，看来要想在短期内攻陷也相当不容易，朱元璋仍然像攻打武昌那样采取围困战术。

至正二十七年（1367年）五月初，苏州被困五个多月，已是气息奄奄，朱元璋下书张士诚，劝他投降，张士诚不予理会。六月初四，张士诚准备进行突围一拼，但在几个门的冲击都告失败，张士诚亲自殿后，也马惊堕水，几乎丧命。

这时降将李伯昇派他的门客再去对张十城说降，门客说：“我有一策，恐公不能相从。”张士诚曰：“不过死罢了。”客曰：“死而有利于国家，有利于子孙，死固应当，不然，徒然自苦。公不闻陈友谅吗？跨有荆楚，兵甲百万，与应天之兵战于太平，鏖于鄱阳，陈友谅举火欲烧应天之船，天乃反风而焚之，兵败身丧。为什么？天命所在，人力无可奈何。今公靠湖州之援，湖州失；靠嘉兴之援，嘉兴失；靠杭州之援，杭州失，而独守此尺寸之地，誓以死抗。我恐形势至于极端而祸患生，一旦变难起于内，公那时欲死不得，生无所归，悔之晚矣。故为公着想，莫如顺天之命，自求多福，遣一介使臣，急走金陵，告以归义救民之意，开城待命，亦不失为万户侯。而且，公之地，如博如弈，昔得之人而今失之，于公有何损失！”张士诚伏思沉吟，对门客说：“待我想一想。”但终究不肯投降。

城中的形势继续恶化。张士诚最后一次试图出城决战，他亲自率兵出胥门向常遇春挑战。张士诚的军队做最后一搏，个个死战，倒也神勇，常遇春有些抵挡不住。这时正在城上督战的张士信却莫名其妙地大喊：“军士累了，停止前进！”命令鸣锣收兵。常遇春趁此机会反攻，一直追到城下，并在城门边筑起了堡垒，进行攻城。张士信在城楼上设置帐幕，正与参政谢节等一起用餐，一盘桃子刚刚端上，突然一个飞炮打来，正中帷幕，张士信脑碎丧命，张士诚更加沮丧。

又围困了三个月，至正二十七年（1367年）九月初八，徐达下令发动总攻。他们先攻破了葑门，又破了阊门，潘元绍等投降。徐达督队攀登内城，张士诚遂命枢密副使刘毅收拾余兵，他亲自指挥巷战。刘毅也兵败投降。张士诚率几个骑兵仓皇回府，看到他的妻子自缢，诸妾已在齐云楼自焚而死，家里一个人也没有了，两个平日依偎在身边的小儿子，此时也不见了身影。各处散乱狼藉，昔日的繁华已烟消云散，余下的只是空荡与死寂。张士诚突然觉得一阵轻松，几个月来的紧张、忧愁与烦恼，顿时化为乌有。他脸上闪过一丝苦笑，慢步向内室走去。徐达的大军尾随而至。他派李伯昇入府搜索，李伯昇的旧将赵世雄见张士诚内室反锁，遂破门而入。当把张士诚从悬绫上放下，发现他尚有余温，终于把他救活。张士诚闭目不语。徐达让人用门板把他抬到船上，解往应天。所俘获的张士诚京城苏州官属部将及杭州、湖北、嘉兴、松江等府官吏，连同他们的家属共二十几万人随同押往应天。

张士诚在途中坚持躺卧不起，而且闭目不食。到了应天，他也不肯起来，还是被人抬到中书省的大堂上的。右丞相李善长问话，他闭目不予理会。李善长大声呵斥，张士诚蔑视地睁开眼睛，大骂李善长狗仗人势。李善长命人把他抬去见朱元璋，张士诚依然闭目不语。赐给他食物，他不吃；赐给他衣物，他也不接受。朱元璋很是气愤，叫人把他扛到竺桥，一顿乱棍把他打死。张士诚死后，无锡守将出降，东吴灭亡。

从至正二十五年（1365年）十月十七日出师泰州，到至正二十七年（1367年）九月初八苏州陷落，共用了二十三个月，而从出师湖州算起，则用了一年多一点的时间。

张士诚自至正十三年（1353年）三十二岁时与李伯昇、潘原明、吕珍等十八位弟兄起兵，势如狂飙，威震淮东，虽曾一度高邮受挫，然蹶而复起，很快便占领苏、松、杭、嘉、湖最富有的地区，为各路割据势力所欣羡。但是东南财富之区没有成为张士诚走向统一全国的根据地，而成为他割地自保、向元王朝要挟官爵的本钱，成为加速这支农民军享乐腐化的灭亡剂。张士诚很快就不历战阵，甚而不理政事。张士诚的三个弟弟中以张士德最有才干，张士信最狂妄。大弟张士义早死，二弟张士德被擒，张士诚安于享乐，就渐渐把权柄交给了三弟张士信。

张士信生性骄奢淫逸，有后房姬妾百余人，教以天魔之舞，园池中的采莲舟都是用沉檀木做成的，于是文臣武将起而效尤。吃了败仗，丧师失地，张士诚与张士信也不加过问，下次出征，仍用作统兵将领。山阴杨维祯是东南一方的大名士，张士诚屡屡招纳。维祯有感于他的诚意，对国事提出忠告，其中说道："阁下为将师者，有生之心，无死之志；为守令者，有奉上之道，无恤下之政；为亲族姻党者，无禄养之法，有悻位之权；阁下又信佞为忠，信诈为直，信贪虐为廉良。拜敌求生，望敌先逃者，阁下皆礼之为好人，养之为大老。则死节之人少，卖国之人众矣。是非一谬，黑白俱紊，天下何自而治？及观阁下左右参议机密者，未见其针砭时弊，规进阁下于远大之域，以致使阁下丧失可为之时、可乘之势。阁下因习于小安而无长虑，岂不使东南豪杰寒心而却步！"张士诚等喜好媚语而厌恶直言，竟弃而不用，以致其身败名裂。

陈友谅、张士诚从社会的最底层发迹，成为统率千军万马，使王侯将相威风扫地、身遭灭顶之灾的风云人物。但较之朱元璋，他们的战略战术、见识智慧，毕竟稍逊一筹，而他们最终成为朱元璋的箭下之鬼、阶下之囚。陈友谅、张士诚、刘福通等人既做了清道夫，又做了铺路石。朱元璋攻灭了张士诚，后来他在总结自己战胜这两个劲敌的经验时，对群臣说："元末群雄中，张士诚、陈友谅最强大。张士诚地方富庶，陈友谅兵力雄厚。这两点，我都不如他们。我靠的只是不乱杀百姓，说话算数，做事认真，以及大家的同心协力，才获得成功。当初，我处在他们两家中间，有人劝我先进攻东吴。但我认为，陈友谅志骄，张士诚器小。志骄的好生事，器小的没大志，安于守成，所以决定先攻陈友谅。鄱阳湖决战时，张士诚果然龟缩在平江，没有配合陈友谅对我进行东西夹击。假如我先攻张士诚，陈友谅一定会倾巢而出，我被迫两线作战，腹背受敌。那样的话，胜负就难以预料了。"

这番总结真是抓住了命脉。如果战场上两军之争可以归结为两军统帅的较量或看成两个人的对弈，那么完全可以说，朱元璋个人的综合能力确实高出对手一筹。

统一天下

平定东吴后，朱元璋立即开始考虑平定天下的方略。他告诫诸将："江南既平，当北定中原，统一天下。大业垂成，更需努力！"当时，浙东有方国珍，福建有陈友定，两广有何真，云南有元朝宗室梁王把匝剌瓦尔密，四川有明升，北方则在元廷诸将的控制之下。元廷诸将一直自相残杀、纷争不断，元廷皇帝多次诏令他们合力南征，他们只当作耳旁风，都不肯执行。云南相距太远，一时难以顾及，四川则主幼兵弱，难有作为。

朱元璋在对局势做了通盘考虑后，决定抓紧时机，南征北伐并举，即以主力北伐中原，同时分兵平定浙东、福建和两广。

方国珍在朱元璋攻占婺州等地后即已表示归顺，但他同时还与元廷保持着密切联系。朱元璋攻克杭州后，方国珍颇感惊惧，派人联络北方的扩廓帖木儿和福建的陈友定，试图结成掎角之势以自保。朱元璋十分恼怒，致信列举他12条罪状，劝他“改过效顺”。方国珍以为平江城池坚固，易守难攻，朱元璋一时无力南顾，再加上自己有海上优势，朱元璋的步骑兵在海滨难以施展，因此不肯接受朱元璋的告诫。他下令将珍宝都搬到船上，准备不得已时逃向大海。至正二十七（1367年）九月，在攻克平江前夕，朱元璋派出三路大军攻取浙东，其中一路由海上进攻，以切断方国珍的退路。方国珍的部队毫无斗志，纷纷归顺。到十一月，庆元（今浙江宁波）失陷，方国珍率残部入海，在朱元璋水军的强大攻势面前，部将无心恋战，陆续投降。方国珍见日暮途穷，只得奉表乞降。

在对方国珍的军事行动正在进行之时，至正二十七（1367年）十月二十一日，朱元璋又发布命令，派出三支征讨大军：胡美等率军进攻福建，杨璟等率军进攻广西，徐达、常遇春率军北伐中原。同时，朱元璋还加紧为登基称帝做准备。次年正月初四，朱元璋正式在应天即皇帝位，国号大明，建元洪武。

盘踞福建的陈友定是福清人，出身贫苦。红巾军进攻福建时，他参加了地方武装，后来不断升迁，官至福建行省平章，虽割据称雄，但一直效忠元廷。福建军事重镇有陈友定的官署所在地延平（今福建南平）以及福州、建宁（今福建建瓯）。朱元璋也兵分三路：一路是胡美所率主力，从江西渡彬关，为正兵；一路是汤和、廖永忠所率舟师，从宁波南下，进攻福州，为奇兵；还有一路由李文忠指挥，从浦城进攻建宁，是疑兵。三路军队进展都很顺利，到年底，攻克福州，进围延平。洪武元年（1368年）

正月，城中军火库发生爆炸，朱元璋军队趁机攻城，一举成功，陈友定父子被送到应天处死。

平定两广的方略，亦由朱元璋亲自制定，也是兵分三路：第一路由杨璟率领，攻取广西；第二路由陆仲亨率领，由韶州直捣德庆；第三路就是刚刚平定了福建的水师，由廖永忠率领，从海路攻取广州。此时广东掌握在何真手里，他是东莞人，本为小吏，见兵荒马乱，便聚众自保，效忠元朝，官至广东行省左丞。他是个善于审时度势的人，听说廖永忠大军已到潮州，便派人赶到军前，献上印章图籍户口，奉表归降，于是广州及其附近州县不战而下。朱元璋对何真善识时务十分赞赏，召他入京，授以官职，后封为东莞伯。廖永忠率所部沿西江入广西，配合第一路军行动。到洪武元年（1368年）七月，广西全境亦被平定。

浙东、福建、两广全部平定，南部除四川、云南外，都归入朱元璋的版图，他再无后顾之忧，可以集中人力物力支援北伐军了。在北伐军出发前，朱元璋曾召集诸将商讨作战方略。有的人认为应长驱北上，直捣大都（今北京），大都既克，再乘胜攻取其他地方，必将势如破竹。朱元璋不同意这种意见，他认为中原虽动荡不宁，但实力仍不可小视，大都久为都城，防守必固，倘若长驱直抵大都，而不能很快攻破，则屯兵于坚城之下，远离后方，粮饷不继，元朝援兵四集，处境将很不利。他决定还是采用对付张士诚的老办法，稳扎稳打，步步推进，并制订了具体的作战步骤：先取山东，去其屏障；回师河南，断其羽翼；然后西拔潼关，占据其门户。待大都陷于孤立无援之境，再进兵攻打，可以不战而克。攻克大都后，鼓行而西，云中、太原、关陇可席卷而下。朱元璋的这个计划，即把自己置于不败之地，又抓住了元军不相统属、自相残杀、可以各个击破的弱点，的确是思虑周密的万全之策。

至正二十七年（1367年）十月二十一日，徐达、常遇春率领二十五万大军北上。临行前，朱元璋召集诸将，再三申明纪律。接着，朱元璋又发布讨元檄文，提出了“驱逐胡虏，恢复中华，立纲陈纪，救济斯民”的口号。徐达很好地执行了预定作战计划，从出兵时起到洪武元年（1368年）正月，用了三个多月时间，平定了山东。在接下来的三四月间，出兵攻取了河南，并占据了潼关。五月，朱元璋亲自到汴梁，大会诸将，部署攻取大都的作战行动。徐达询问倘若元顺帝向北逃窜怎么办，朱元璋说：“元朝的兴亡都是天数，若元主北逃，不必穷追，待其出塞之后，只要固守疆界、防其来侵就行了。”看来，朱元璋知道若活捉了元顺帝，也不好安置，有意为他留一条去路。在集合好军队后，徐达于闰七月初二挥师北上，元军望风而逃，二十八日占领通州，进逼大都城下。这日晚，元顺帝率后妃、太子和朝臣们开健德门出城，经居庸关，逃向草原。八月初二日，徐达率领大军入城，大元帝国正式灭亡。大都既克，徐达等按照原先的部署，挥师西向，到洪武二年（1369年）八月，山西、陕西全部平定。

洪武四年（1371年）正月，朱元璋下令出兵四川，消灭夏政权。夏的建立者明玉珍是随州（今湖北随县）人，薄有家产，后参加徐寿辉起义军，率部进入四川。徐寿辉被陈友谅弑杀后，他以兵扼守瞿塘，自立为陇蜀王，后正式称帝，国号大夏。至正二十七年（1367年）二月，当朱元璋正在经略淮东时，明玉珍病死，子明升继位，年仅十岁。朱元璋派出的伐蜀大军兵分两路：南路由汤和等率领，走水路自瞿塘攻重庆；北路由傅友德等率领，走陆路自陕西趋成都。夏国以重兵把守瞿塘，水路受阻，陆路却趁北边防务空虚长驱南下，并将攻城略地的消息写在木牌上，投入长江。水路得到消息后，从间道绕到夏军背后，两面夹攻，突破瞿塘天险。夏军节节败退，明军很快就逼近重庆，有人劝明升逃往成都，明升的母亲说：“事势如此，纵往成都，不过延命旦夕。”二十二日，明升奉表投降。到八月，全蜀悉平。

四川纳入版图，为平定云南创造了条件。朱元璋很希望云南能不战而下，所以迟迟没有发兵，反复派人诏谕，但统治云南的元朝宗室梁王把匝剌瓦尔密坚决不肯归降，仍与逃到草原的元顺帝保持联系，坚守臣节。洪武十四年（1381年）九月，朱元璋命令傅友德等率兵平定云南，到次年正月，即抵达昆明，梁王率家属等投滇池自杀，各少数民族首领望风归附。

统一天下的最后一步是平定东北。东北地区实力最强的武装力量是纳哈出的军队，他屯驻在辽河北岸的金山，有兵二十万。此人曾在太平任职，朱元璋攻克太平时，将他俘虏，后释放。明朝建立后，朱元璋觉得自己有放他北归之恩，与他也算老相识了，多次写信劝他归顺，但纳哈出置之不理，还经常骚扰明军控制的辽东。朱元璋忍无可忍，在进行了充分的准备后，于洪武二十年（1387年）正月命冯胜等率军讨伐纳哈出。五月，明军在取得几次大捷后，到达金山，纳哈出见大势已去，只得归降。

经过长期的奋斗，朱元璋终于完成了统一全国的宏伟大业。

第四章 强国之路

封官睦邻

洪武三年（1370年），朱元璋选黄道吉日，沐浴更衣，祭告郊庙，回奉天殿坐定，令大都督府详计诸将功绩，交朱元璋钦定次第，论功封爵行赏。

奉天殿内，皇太子朱标及诸弟十人、文武百官朝贺礼毕，分列丹墀左右，御香炉燃起香火，青烟袅袅，一派祥和气象。

朱元璋说："今日定行封赏，并非出自朕之私愿，而是效仿古人典制，论功封爵，共享富贵荣华。若爵不称德，赏不酬功，众卿等当廷议论，且莫背后生事。"于是，命有司宣读诰命。封李善长为韩国公，徐达为魏国公，常茂（常遇春子）为郑国公，李文忠为曹国公，邓愈为卫国公，冯胜为宋国公。汤和等二十八人皆封侯，元降将纳哈出为海西侯。所有封爵诸有功之臣，都赐诰命铁券。铁券有如大瓦一片，面刻诰文，背镌免罪减死俸禄等条款，用黄金嵌成文字，铁券两片，一片藏于内府，一片为封臣凭信。

朱元璋又封汪广洋为忠勤伯，御史中丞刘基为诚意伯。

众文武功臣受铁券高呼万岁，叩首谢恩。

朱元璋说："古来制度，帝王皆审择名城大都，分封诸子，令其驻守，以为屏藩。朕欲效古制，怎么样？"

李善长等高呼万岁，以为可行。于是，朱元璋封二皇子朱樉为秦王，居西安；封三皇子朱棡为晋王，居太原；封四皇子朱棣为燕王，居北平；

封五皇子朱橚为吴王，居苏州；封六皇子朱桢为楚王，居武昌；封七皇子朱榑为齐王，居青州；封八皇子朱梓为潭王，居长沙；封九皇子朱杞为赵王，居洛阳；封十皇子朱檀为鲁王，居兖州。封从孙朱守廉为靖江王，居桂林。

诸王俸禄，亲王每岁万石。置相傅官属、护卫甲士，多者一万九千人，少者三千人不等。冕服车旗仪仗、官邸内侍等起居事物，仅次天子一等，公侯不得僭越抗礼。诸王在各重要地区世袭镇守，权力在地方官吏之上，形成半独立的政府。王国的膨胀，不仅平添无限耗费，给百姓带来沉重负担，而且威胁着中央政权的安全，历史已经证明了这一点，朱元璋于是又颁诏书任命中央和地方官吏。

中央政府设宰相为皇帝助理，下设中书省，分吏部、户部、礼部、兵部、刑部、工部，主管行政；设都督府，主管军事；设御史台，主管监察。

朱元璋封毕功臣诸子，就在华盖殿赐宴，满朝文武尽兴开怀畅饮，高呼万岁，称颂天下太平，明朝一统。

大明朝建立以后，朱元璋接受了元朝多次伐日本、安南、缅国、占城、爪哇诸国失败的教训，采取了“人不犯我，我不犯人；人若犯我，我必克之”的政策。把周边各国分为不征之国和敌人之国。对不征之国和睦相处，互相往来，赠送土特产品，对敌人之国严加戒备。为此，朱元璋在《皇明祖训》中郑重告示后人说：

西方诸“夷”皆限山隔海，僻在一隅，得其地不足以供给，得其民不足以使令。若其不自揣量，来扰我边，则彼为不祥。彼既不为中国患，而我兴兵轻伐，亦不祥也。吾恐后世子孙倚中国富强，贪一时战功，无故兴兵，致伤人命，切记不可。但“胡戎”（蒙古）与中国边境，互相密迩，累世战争，必选将练兵，时谨备之。

今将不征诸国名列于后：东北朝鲜国。正东偏北日本国。正南偏东大琉球国、小琉球国。西南安南国、真腊国、暹罗国、占城国、苏门答腊国、西洋国、爪哇国、湓亨国、白花国、三弗齐国、渤泥国。

——《明史·太祖记皇明祖训》

由于朱元璋奉行睦邻友好的政策，明朝周边各国皆来朝贡。暹罗国贡象入朝后，朱元璋马上回赠印玺宝衣，并作《谕暹罗国王诏》：

君国子民，非上天之明命，后土之洪恩，曷能若是。华夷虽间，乐天之乐，率土皆然。若为人上能体上帝好生之德，协和人神，则禄给世世无间矣。尔哆啰禄自嗣王位以来，内修齐家之道，外造睦邻之方，况数遣使中国，称臣入贡。以方今时王言之，其哆啰禄可谓贤德矣，岂不名播诸番。今年秋，贡象至朝，朕遣使往谕，特赐暹国之印及衣一袭，尔当善抚邦民，永为多福。故兹诏谕，想宜知悉。

朱元璋稳坐南京，接待各国使臣朝拜，发号施令，先后写了《谕安南国王诏》《谕日本国王诏》《与元幼主书》《谕占城国王阿答阿者》《问高丽贡不如约》《赐高丽国王王颛书》《赐爪哇国王书》《赐日本国王书》等详细记载了各国往来之事。

在朱元璋的时代，除《明史》记载洪武三年（1370年）冬十月有“西洋入贡”之外，世界其他国家尚未与中国交往。当时的中国是一个农业自给自足的大国，工商业不是很发达，不需要向海外扩大市场。地大物博，人口众多，也不需要向外侵占领土，掠夺人力物力，这便是朱元璋反对侵略周边国家的依据。

朱元璋一方面反对侵略扩张，另一方面主张抵御外国入侵，保境安民，这无疑是正确的，有其进步性的。当时，安南、高丽、占城三国与明王朝关系密切。明朝规定，安南、高丽、占城的读书人，在本国通过乡试之后，允许带上证明文件到明王朝参加会试。考上进士以后，可以留下当官，也可以回国任职，听其自便。洪武四年（1371年），明朝首次举行会试，高丽国有3人参加会试，殿试之后，金涛被录取，定为三甲第六名，授职县丞，后来他回高丽国做了宰相。

应该说明的是，明王朝是一个统一的多民族国家。从北到南，有蒙古族、女真族、苗族、瑶族、僮族、彝族、摩些族、磺族、羌族、回族、藏族等族，各族酋长的继承要得到朝廷的许可，明朝再派流官执行监督任务，定期向朝廷纳贡，各民族人民共同创造着中华文明。

朱元璋在洪武三年（1370年）四月发布《禁蒙古色目人更易姓名诏》说：

天生斯民，该属姓氏，各有本源，古之帝王尤重之，所以别婚姻、重本始，以厚民俗也。朕起布衣，定群雄，为天下主，已尝诏告天下，蒙古色目人等，皆吾赤子，果有材能，一体擢用，比闻入仕之后，或多更姓名。朕虑岁久，其子孙相传，昧其本源，诚非先王致谨氏族之道。中书省其告谕之，如已更易者，听其改正。

朱元璋虽然也称少数民族为“夷蛮”，但他的民族政策是进步的。他本人并没有民族偏见，他的嫔妃中就有蒙古人和高丽人，朱元璋的子孙中有蒙古、高丽血统是毫无疑问的。

休养生息

作为中国封建社会贫民出身的皇帝，朱元璋对农民阶层的苦难生活有很深刻的体会和特殊的同情心，并对该阶层的处境异常关注。他要以自己特殊的权力最大限度地实现改善农民阶层艰难生活状况的理想。如此一来，营建朱元璋式的小农社会便成为洪武时期的一大政治特点。

明朝开国，经济形势是严峻的。至正二十六年（1366年），朱元璋从应天到家乡濠州省墓，一路“百姓稀少，田野荒芜”。洪武元年（1368年）四月，朱元璋去北伐前线开封视察，经常穿行在草莽之中。七月，徐达率部自开封北上，路经河南、山东、河北，沿途“道路皆阻塞，人烟断绝”。历史名城扬州被张明鉴等部队虏夺，只剩下十八户人家。徐州被元军血洗，男女老幼无一幸免，到明初依然是“白骨蔽地，草莽弥望”的鬼蜮之地。在中原，收殓葬埋骸骨成了政府的善举、百姓的义举。冤魂遍地，尸骸蔽野，夜间往往鬼火结队而行，使百姓夜惊，朱元璋为此亲撰《祭鬼文》。朱元璋慨然喟叹道：“平定中原并不困难，但民物凋丧，千里丘虚，既定之后，生息犹难，这正是劳思费神之处。”不但中原如此，湖广、四川等地区也是一片荒凉。湖广洞庭湖流域直到洪武末年尚且“土旷人稀，耕种者少，荒芜者多”。四川经过几十年战乱，也是满目蒿草，到洪武二十年（1387年），各州县仍然“居民鲜少”，就连肥沃的成都平原，也还有数万亩良田“荒芜不治”，明朝开国后一百多年尚不能恢复旧景。三吴中心城市苏州，也“里邑萧然，生计鲜薄”，如雨打残荷，秋风败叶。明朝开国后，南征与北伐在继续。残元部队长时间控制着东起辽东，西至陕甘的广大区域，明升政权存续到洪武四年（1371年），云南旧元梁王坚持到洪武十四年（1381年）。山东、山西、北平、陕西等地区收复后，百姓们正遭受着饥饿的折磨。元末社会经济的全面崩溃和长时间的战乱，使民心思定，向往稳定生活。具体言之，洪武时期广大民众迫切期望朱元璋能够废除元朝暴政，重新分配土地，减轻赋役负担，使他们可以安居乐业。朱元璋出于巩固政权的需要，决心满足饱经战争之苦的民众的这一要求。尽管他绝不允许他们享有丝毫的政治权利，但可以允许他们拥有维持生存的基本的经济权利。也就是说，必须解决他们吃喝住穿的基本需求。正是在这个意义上，朱元璋提出了“安民为本”“养民者必务其本”“民者，国之本也”等治国安民的主张。民不安，则国不宁。朱明王朝立国不久，只有发展农业，解决民众最基本的生活保证并使其拥有从事简单再生产的基本条件，才是立国之根本。为此，他制定了以下措施：

第一，组织大规模的垦荒运动。

弥补战争创伤的根本出路，是恢复与发展农业生产。攻下元大都后，朱元璋发布大赦天下诏，宣称：“州郡人民，因兵乱逃避他方，田产已归于有力之家，其耕垦成熟者听为已业，若还乡复业者，有司于旁近荒田内如数给与耕种，其余荒田，亦许民垦为已业，免徭役三年。”洪武元年（1368年）年底，他提出“田野辟，户口增”恢复生产的六字方针，说：“今丧乱之后，中原草莽，人民稀少，所谓田野辟，户口增，此正中原今日之急务。”他进一步确定地权，规定谁垦荒就归谁所有。“其耕垦成熟者听为已业。”即使过去曾拥有过很多田地，也“不许依前占据，只许尽力耕垦为业”。垦荒免除赋税徭役三年，已成为法定政策。洪武十三（1380年）和二十八年（1395年），他还两次明令河南、山东、北平、陕西等省区和凤阳、淮安、滁州“新开荒田，永不起科”，即永远免纳赋税。

朱元璋下令将那些游手好闲、赌博无业者加以逮捕监禁，关进“逍遥牢”，而后迫令其归农，有的则迁于边远地方。那些有田不耕，任其荒芜的，则全家迁发“化外”，即荒凉边远地区充军。洪武五年（1372年），发布诏令，解放奴婢，令他们归农垦种。而且明令，除去贵族、官僚之外，一般百姓之家，再不允许买卖收养奴婢。

开荒垦种，劝民归农，是对地方官考核的一项重要标准。每年年底，要逐级上报垦田数字，以至于某些州县官员责令下面增报垦田亩数，作为自己做官的政绩。

但是，光靠就近垦荒还不能完全解决田地大量荒芜的问题。于是朱元璋决心运用皇权的势能实行强制性的移民垦荒。移民垦荒，主要是把无业农民迁移至荒田之地，令其垦荒种田，或将人多田少之地的人迁徙到人少田多的地方从事耕作。

大规模的组织移民屯垦发端于洪武三年（1370年），苏、松、杭、嘉、湖五府四千个无地民户迁往临濠开屯。临濠就是朱元璋的“龙兴之地”凤阳，洪武二年（1369年）建为中都，但这里一片荒凉，因此成为首要的移民填实地区。前后迁发贫民、富民、有罪官吏七次之多。仅洪武七年（1374年）一次即从江南移来十四万人，迁民的总数不会少于二十万人。其他移民垦殖的重点地区，有南直隶的泗州、滁州、和州、庐州、淮安、扬州等淮南地区，北平布政司（今河北省）各府州，山东沿运河东昌、临清等地区，水路交通干线河南彰德、卫辉、开封、归德等府。移民路费一般由政府提供，发放耕牛、农具、种子，以及免除三年赋役。

移民垦荒又称民屯。移民垦荒使数十万无业之民成为拥有土地的自耕农，这对确立朱明王朝的稳定、改善农民生活状况，以及促进小农经济的恢复和发展等均有十分重要的意义。

除民屯外，还有军屯和商屯。

为了进一步减轻农民的负担，节省军费开支，朱元璋便令军人从事屯种，田地由政府授予。军士另立户籍，称为军户。明代军户不少于二百万。户出正军一名，就有二百万军卒。每人每月口粮一石，一月就是二百万石，一年就得二千四百万石，这是一个巨额数字，差不多是明代一年全国夏税秋粮的粮食总数。要倾全国之税粮来供应军需，这是不可能的。所以，朱元璋从历史中找到了现成的办法，用军士开耕屯种，使其能够自给，并缴纳一定数额的租税。因为平时没有大的战事，不必使所有的军士都处于战备状态。所以，抽出一部分军士从事农耕，应该是可行的。从事战守的军士称为操守旗军，从事下屯耕种的军士称为屯种旗军。军士屯守的比例，在边地一般是三分守城，七分屯种。在腹里一般为二分守城，八分屯种。若按70%的耕种比例计算，屯田旗军约有一百四十万人。这一数字是相当大的。每军授田数目按土地肥瘠与耕种条件的不同而有所区别。从一百亩、七十亩、五十亩到三十亩、二十亩变化不等，屯田所需耕牛、农具、种子等亦由政府提供。军屯起初免征租税，后来，规定要向政府缴纳租税，称为屯田籽粒，租税征收的标准按实际情况来定，没有统一的规定。明初军屯的发展，对恢复农业生产、解决军需供给和减轻农民负担等起到了积极作用，朱元璋曾经不无自豪地说：“朕养兵百万，不费百姓一粒米！”

商屯是商人经营的屯田，它与朱元璋实行的开中盐法有关。在那个时代，盐税是国家财政收入的大宗，几乎占到国家赋税收入的一半。朱元璋在攻入浙东后，就已经通过盐茶专卖充实财政，支持战争。开国之后，继续推行盐茶专卖，其中，尤以食盐专卖为最重要。所谓开中盐法，就是一种新的食盐专卖法，也就是盐商输纳一定数量的粮食，政府给予若干数量的盐引，以盐引换粮食的办法。

这个办法，主要是想解决粮食紧缺、运输困难的北方边境重镇的军队给养问题。商人为了缴纳粮食方便，就在这些地区出资招募人垦荒。据后来某大臣奏疏说："富商大贾悉于三边自出财力，自召游民，自垦边地，自芒（种）菽粟，自筑墩台，自立保伍。岁时屡丰，菽粟屡盈。"可见万里边方已由此得到相当程度的开发。

经过这一系列的努力，许多荒地得到了开垦。据《明实录》不完全记载，到洪武十三年（1380年），共垦荒地一亿八千万多亩，若加上军屯和商屯垦田，垦荒总面积远远超出了原来熟田面积，十几年间耕地面积增加一倍多，残破的经济逐步走向复苏。元都平定后，朱元璋曾对李善长说："唐太宗贞观年间，斗米三钱，外户不闭。我有三年的时间也可以臻于此治。"由于战争破坏过于严重，加上同北元残部的战争连续不断，大约到洪武三年（1370年）没能达到贞观年间家给人足的兴盛。不过，这年夏天朱元璋视察京城府库时，已经看到积蓄的丰厚。他对随行官员说："这都是天下百姓们供给的，这也应该用之于天下。"这年，他免除了苏州府三十万石拖欠的税粮。洪武四年（1371年），又免除江西、浙江全年秋粮。到洪武九年（1376年），据户部报告，国库积蓄的钱粮已够几年开销使用。为此，朱元璋免除了河南、福建、江西、浙江、北平、湖广、山西、陕西等省与南直隶部分府州的全年田粮，那些没有免田粮的府州，也命令以银、钞、绢、布代输，叫作折色（纳粮称本色）。这表明，国家的财力，特别是粮食，已经相当充实，社会经济初步得到恢复。

第二，兴修水利，重视农桑。

水利是农业之根本，朱元璋对水利工程的兴修非常重视。早在至正十八年（1358年），朱元璋在其根据地内，便非常重视水利建设，立国之后，他更是尽可能地在全国范围内组织军民兴修水利工程。他晓谕天下官员，对于百姓有关兴修水利的建议，要及时陈奏。要求工部官员，凡陂塘湖堰等处可以蓄水泄水、防备旱涝的，要根据地势的不同，分别加以整修，与此同时，派遣国子监生到各地督修水利工程。对于那些不重视水利工程建设与保护的官吏，则加以处罚。《大明律》也对破坏水利设施的行为加以约禁。如果盗决河防，就杖一百，徒三年；盗决圩岸陂塘，就减二等。总之，朱元璋用尽一切手段来兴修、保护水利工程，这体现出他体恤民情、重视农耕、营建小农社会的急迫心情。像朱元璋这样坚持不懈地兴修水利的举动，在中国封建帝王当中，实不多见，这与他出身平民有极大的关系。

水利的兴修意在农业生产的恢复和发展，其着眼点在于增加农产品的收益，正如朱元璋所说："农为国本，一切所需皆出于农。"为此，地方官员一定要重视农桑，并将此作为考核各级官员的主要标准之一。规定凡在任期间，不重视农桑者，则予以降职处分。如考核日照县知县马亮时，发现他无课农兴教之政绩，便予以罢黜。而太平知县范常因募民垦种，使私庾殷实，官廪充足，以及办学有方，就被召为侍仪。

小农经济的主要表现形式是男耕女织，朱元璋所面对的核心问题就是解决社会各阶层的基本生活问题。所以，他大力组织垦荒来发展农业生产，并对桑、麻、棉等经济作物的种植与推广予以特别的关注。他以命令的形式规定：有田五亩至十亩者，栽种桑、棉、麻各半亩；十亩以上者加倍；田多者按此率递增。地方官要亲临田地检查执行情况。对不按规定种植者，不种桑者要出绢一匹，不种麻者要出麻布一匹，不种棉者要出棉布一匹。规定经济作物的科征之则是：麻每亩八两，棉每亩四两，种桑者四年以后有收成时，方征其租。洪武二十五年（1392年），朱元璋命令凤阳、滁州、庐州、和州等处农户种植桑、枣、柿各二百株，并要求屯田旗军每人种桑一百株。洪武二十七年（1394年），朱元璋再下令：天下百姓务必多栽桑枣，每户初年二百株，次年四百株，三年六百株，违者发云南金齿充军。尽管朱元璋的这一强制性政令过于理想化，但得到了最大限度的执行。洪武末年，据湖广布政司统计，其所辖区内栽种桑、枣、柿、粟等树，多达八千四百余株。尤值一提的是，在朱元璋大力推行的桑、麻、棉三种作物当中，棉花得到了普遍的推广，并迅速取代了传统的桑麻地位，棉花制品成为各阶层共同依赖的物品了，后来明代棉纺织业的巨大发展就得益于洪武时期强制性种植的举措。

第三，减免赋税。

减免赋税是中国历代封建王朝所采取的一种最主要的惠民恤民的措施，朱元璋也最大限度地奉行了这一举措。

明代的田土有官田和民田之分。官田属国有土地，官田一词出现较早，在汉代已有此称呼，但真正成为与民田相对立或相区别的概念，是在宋代。自宋、金、元以来，官田的数字有不断增长的趋势。明代的官田大多承袭宋、元官田而来，民田即私有土地。

官田与民田的最大差别，就是国家对官田征收地租，对民田收取赋税。换言之，就是官田征租，民田收赋。但在日常称呼时，往往将二者混为一谈，以赋代租。朱元璋在洪武初年规定不同田土的税率：普通官田每亩五升三合五勺，民田减二升，为三升三合五勺，重租官田每亩八升五合五勺，没官田每亩一斗二斤。有些地方的税粮远远超过这一规定，如苏州、松江、嘉兴、湖州四府官田有每亩征收二三石者，甚而有高达四石者，使佃种者不堪负担。因为税额巨大，经常出现拖欠现象。为此，朱元璋不得不下令减免官田租额。如在洪武七年（1374年），朱元璋要求户部减轻苏、松、嘉、湖四府的租额，如每亩征收七斗五升者，减去其半，以苏民困。洪武十三年（1380年），又令户部降低上述地区“旧额官田”的租额；每亩征收七斗五升至四斗四升者，便各减去十分之二，四斗三升至三斗六升者，皆征收三斗五升，以下一仍其旧。

对于他的家乡，朱元璋本着“造福桑梓”的观念，将凤阳、临濠二县的税粮与徭役规定永久性免除，这样，他的父老乡亲便成为朱元璋“皇恩浩荡”的最大受益者。此外，朱元璋将其减免政策倾斜，使他发迹地区的百姓也能较多地享受到朱元璋胜利后的恩泽。

朱元璋多次诏免应天、广德、镇江、宁国、太平等府的税粮，以示恩惠。

对于在元末明初严重遭受战火蹂躏的北方地区，尤其是山东、河南等地的民众负担，朱元璋也予以特别的关注。这一带的民众，积极援助明军的北伐，令朱元璋大为感动，便以减免税粮来表达其感激之情。

以后，他多次免征山东、河南等地的赋税，每当遭遇黄河水患时，朱元璋就下令免去水灾侵害地区的租税。

朱元璋深悉民间疾苦，所以格外体恤民情，他曾对群臣说：“士、农、工、商之中，辛劳莫过于农。他们终年不息，勤于劳作。如遇丰年，数口之家，尚能温饱。一旦不幸遭遇旱涝，颗粒无收，则举家饥困。朕凡穿衣吃饭，常思耕织之劳，你们住有大厦，乘有肥马，衣有文绣，食有膏粱，应当记住民众的辛劳。”

每当朱元璋得知某地发生自然灾害时，就立即下诏减免该地区的税粮。如在洪武四年（1371年），陕西等处遭受水灾，朱元璋便令免其田租；洪武七年（1374年），山西太原遭旱蝗灾害，陕西遭大雨冰雹之害，朱元璋下令一并蠲免田租；洪武十二年（1379年），北平久旱不雨，朱元璋诏令免征夏秋二税。

减免赋税的同时，朱元璋亦重视救灾赈济事宜，于各地设立预备仓。户部在丰年时籴粮入仓，以备灾荒之年救济灾民。当地方上发生旱涝灾害时，除了蠲免税粮外，还由政府贷米于民，以解燃眉之急。对于不及时向朝廷报告当地的灾情，或者不及时开仓赈济的地方官员，均要给予严厉的惩处，甚至处以死刑。为了避免因层层报告灾情而延误赈济之事，洪武二十六年（1393年），朱元璋下令："今后凡遇饥荒，地方政府先开仓济民，然后再行报告。"当然，用来赈济的不仅仅是米粮，还有布、钞等物。

朱元璋通过减免税粮，立仓赈济，尽可能地减轻农民的负担和有效地解决他们所面临的实际困难。对于朱元璋的这一番苦心，有人视之为"爱民如子"，有人看作朱元璋对农民阶层的血缘情感。事实上，朱元璋的所作所为集中体现出一位"暴发户"所具有的恐惧心理。他充分认识到只有稳定农民阶层，才能使自己的事业传之万代，臣僚们亦可分享富贵荣华。若民不聊生，民怨沸腾，不仅皇位难保，臣僚的富贵荣华也将随之失去。

在中国古代，农业是国民经济的绝对支柱，只有农业发展了，国家的财政才有保障，统治才能稳固。朱元璋认为，"足衣食者，在于劝农桑"，所以他推行的"安民""富民"政策的核心，就是大力发展农业生产。人口和土地的结合是农业生产得以维持和发展的前提，而明初的社会现实，却是土地大量抛荒，人口稀少。于是，朱元璋提出"田野辟，户口增"的口号，要求各级政府把垦辟荒地、增殖人口作为施政的第一要务，并为此采取了一系列较有成效的具体措施，促进了农业生产的复苏和发展。

朱元璋推行的一系列政策，收到十分明显的效果，实现了"田野辟，户口增"的预定目标。据统计，明朝开国时，耕地面积不过一百八十多万顷，到洪武十四年（1381年）达到三百六十六万多顷，增加了一倍。到洪武二十六年（1393年），全国田土面积又增至八百五十七万多顷，增长幅度十分惊人。与田地面积的增加相适应，明初人口也迅速增长。据统计，到洪武二十六年（1393年），全国有一千零六十五万多户，六千零五十四万多人，这其中还不包括军队人口和各边区少数民族人口。耕地和人口的大幅度增加，为社会经济的繁荣奠定了坚实的基础。

打击豪强

朱元璋出身于贫苦的佃农家庭，对地主豪强贪婪残酷的本性和作威作福的行径深有体会，所以当他登上皇位后，在吸收地主富民到各级政府担任官职的同时，又采用严酷的手段，限制和惩治他们的不法行径，给这些人以极其沉重的打击。明人记载说："皇明受命，政令一新，富民豪族，铲削殆尽。"

朱元璋小时候家无一陇之地，父母兄长相继染病而亡，竟无葬身之处，幸得刘继祖施舍田地，才将亲人草草埋葬，所以朱元璋最了解农民无地的痛苦，对地主富民利用各种手段兼并土地深恶痛绝，予以限制打击。明初抛荒田地很多，不少地主豪强倚仗权势财力，大量圈占土地，却并不从事实际开垦。针对这种情况，朱元璋规定：回乡复业的富户，即使原来拥有的田产较多，也要根据现有丁力占田，如果多占余田而又使土地荒芜，要加以治罪；而原来拥有土地较少或无地的农民，则由政府按照丁力多少拨给荒田耕种。这条法律的实施，对豪强地主趁机多占土地是一个有力的限制，而大量贫苦农民，则因此拥有了赖以安身立命的田地。洪武三年（1371年），朱元璋发现临濠仍存在富民多占田地的情况，便下令让中书省根据丁力情况分配土地，以使"贫者有所资，富者不得兼并"。他申明："如果兼并之徒多占土地以为己业，而转租给贫穷农民耕种，都要治罪。"洪武五年（1372年），他将在临濠实行的计丁给田的办法推广到全国，并重申："丁力少而旧田多的富户，不许按原来的数额占田，敢有多占者，严加治罪！"

元朝时期，豪强地主大多横行乡里，尤以江南地区为甚，成为严重的社会问题。大致说来，其危害主要表现在两个方面：第一，大肆占夺土地，役使贫民，逃避赋役。如大德三年（1299年），中书省在一份奏疏中提到，福建等地的豪强地主占据百姓们的田地，让百姓们做自家的佃户，却不让百姓承担国家的差役。至大四年（1311年），中书省和御史台又上奏说，江南地区"民多豪富兼并之家"，这些人专门让子弟穿华衣，骑骏马，交结官府，恃势隐瞒田地，不当差役。第二，与官府勾结，欺压良民，成为地方公害。如大德七年（1303年）中书省福建江西道奉使宣抚在一份呈文中说，豪强地主家有的人曾当官吏，有的曾充军役杂职，有的是泼皮无赖，"皆非良善，以强凌弱，以众害寡，妄兴横事；罗织平民，骗其家私，夺其妻女，甚则害伤性命，不可胜言"。豪强地主肆无忌惮的不法行为使得民怨鼎沸，地方政府和中央最高统治者非常不满，采取了一些约束措施，但几乎毫无成效。

对于豪强地主的横行霸道，朱元璋了然于胸，十分愤恨，决心下大力气加以清除，再也不能让他们像在元朝时那样骑在小民头上作威作福。洪武三年（1370年），他向户部了解天下富民的情况，户部回奏说，从纳税数目看，江浙一带富民巨室最多，以苏州府为例，纳粮在一百石以上的富民共五百五十四户。朱元璋说："富民大多是豪强，元朝时，这些人欺凌小民，武断乡曲，百姓颇受其害。"他下令把富民都召到京城，亲自接见，训谕说："古人说过，'民生有欲，无主乃乱'。天下没有君主，就会强凌弱、众暴寡，富者不得自安，贫者不能自存。现在，朕成为你们的主人，建立法律制度，使富者得以保其富，贫者得以全其生。你们要遵守法律，只有遵守法律才能保全自身。不要欺凌弱者，不要吞并贫者，不要虐待小辈，不要欺侮老人，要孝敬父兄，和睦亲族，救济贫穷，谦逊待人，这样就是良民。如果还像过去那样胡作非为，就不是良民了。”尽管朱元璋出身贫苦，但他并不是故意要和所有富民为仇，他恨的是那些为非作歹的豪强。他召见这些富民，是出于保全他们的善意，想让他们有所醒悟，有所收敛。可惜，这些人为受到皇帝的召见沾沾自喜，而对皇帝召见他们的本意却不加深思，言者谆谆，听者藐藐，大部分仍是我行我素，不肯改过自新。

既然“导之以礼”效果甚微，朱元璋便改为“齐之以刑”了。他仿效汉高祖刘邦迁徙天下富民填实关中的先例，把江南地区的大批豪强地主迁离故土。其实，早在至正二十六年（1366年）攻下苏州不久，朱元璋就曾下令迁徙当地富民充实自己的老家濠州（后改为临濠，又改为凤阳），只是规模较小。到洪武七年（1374年），因当时正大举营建中都凤阳，朱元璋又下令从江南迁移十四万户居民到凤阳屯种，其中有不少豪强地主。洪武二十四年（1391年），朱元璋对工部大臣说：“昔汉高祖迁徙天下豪富于关中，朕最初不赞成这种做法，现在想来，京师是天下的根本，才知道事有当然，不得不这样做。”他下令各地政府起送富民，结果有五千三百户富民被强行迁到南京。到洪武三十年（1397年），又起取江浙等处四千五百余户填实京师。朱元璋迁徙富民，一方面是为了增强凤阳和京师的经济实力，另一方面则是为了把豪强从他们赖以作威作福的土地财产和乡族关系中剥离出去，从而彻底抽掉他们的权力基础，使他们不能再飞扬跋扈，祸害乡里。为了防止富户逃回原籍，朱元璋颁布法令，规定富民私归者处以重罪。这些人不敢公开回籍，便伪装成乞丐，以逃荒为名，潜回老家扫墓省亲，后来竟相沿成俗。著名的凤阳花鼓就是这样代代流传下来的，歌词是："家住庐州并凤阳，凤阳原是好地方。自从出了朱皇帝，十年倒有九年荒。"

对朱元璋来说，迁徙是打击豪强地主的一种比较温和的方式，更严厉的手段则是抄家、充军、杀头等。洪武年间，朱元璋为了打击贪污官员或铲除功臣宿将，曾兴起过多次大狱，每次大狱，都有一批豪强地主被牵连进去，以致丧身灭家。如在"户部侍郎郭桓贪污案"中，派人到处追查赃物下落，家中有些财产的人家往往被指为窝赃点，于是"民中人之家大抵皆破"。在"胡惟庸谋反案"和"蓝玉谋反案"中，攀扯上大量江南豪强地主，以致有记载说当时"尽洗富土之民，而夷其室庐"。仅苏州府吴江一县，罹祸的富民就不下千家。直到朱元璋在位的最后一年，他还借上年举行科举考试时发生的"南北榜"事件，把江南富室巨族当作"窝主"，让他们互相告发，趁机清除了一批豪强地主。

元朝时期征解税粮由州县吏胥负责，他们总是寻找各种缘由敲诈勒索，给百姓造成许多额外负担。为了消除此弊，朱元璋在江南税粮多的地区推行粮长制，让他们负责征解税粮。粮长都是从田粮多的富民中佥派的，为了鼓励他们尽心尽力，朱元璋给了他们许多优待，有些粮长还被提拔做官。但是，由于朱元璋赋予粮长较大权力，不少粮长便恃权欺压小民，有的把自家的税粮摊派到别人身上，有的巧立名目科敛百姓，百姓稍有不从，就被吊起来鞭打。对于成为地方公害的粮长，朱元璋斥责他们"虐民之心，甚如蝮蛇"，一经发现，必用严刑峻法加以惩治。有一次，朱元璋一下子就将一百六十个害民粮长斩首抄家。还有一次，朱元璋梦见陛阶下跪着一百个无头人，十天后，正好有一百名粮长解粮入京朝见，而且都是逾期缴纳，朱元璋联想到他们平日作恶多[illegible]下令都拉出去砍了。刑部认为罪状不明，朱元璋说这些人哪有好的，执意不饶，一百名粮长霎时都成了刀下鬼。

总体来说，朱元璋对豪强地主的打击是比较残酷的。目睹了当时社会状况的贝琼[①]记述说，三吴巨姓，“或死或徙，无一存者”。方孝孺也说，朱元璋“以神武雄断治海内，疾兼并之俗，在位三十年间，大家富民多以逾制失道亡其宗”。吴宽在追述明初情况时，则谓“一时富室或徙或死，声销景灭，荡然无存”。这些记述肯定有所夸大，但豪强地主在明初遭受了巨创，则是不争的事实。

在中国古代，国家虽然在一定程度上代表地主阶级的利益，但两者之间也常发生矛盾：国家希望地主富户按田纳税、按丁服役，而地主富户却总是千方百计隐瞒丁田、逃避赋役。贫富分化的加剧，社会矛盾的激化，乃至王朝的衰落和灭亡，与此大有关联。许多朝代也曾想清查土地，抑制兼并，最后总是以失败告终。最有名的一次，是东汉建立后，光武帝刘秀发布“度田令”，要求各地清丈田地，然而受到豪强地主的顽固抵制，还引发了一场社会动乱，最后只好不了了之。明朝建立后，朱元璋却大刀阔斧，雷厉风行，进行了田地和人口清查，编制了赋役黄册和鱼鳞图册。他在这方面的魄力和成绩，确实超越了历代帝王。

在元末长期的战乱中，各地的田地簿籍大多散失，保存下来的，和实际的土地占有状况也早已不相符合。为了解决这一问题，在明朝建立前，朱元璋就曾在占领区进行土地清理，编造图籍，据以确定赋税和徭役。如至元十九年（1359年），在徽州让人民“自实田”，即自己如实报告田产数额。至正二十四年（1364年），又下令“使民自实田，集为图籍”，并对各人自报数额进行复核。所谓“图籍”，是南宋以来流行于江南地区的一种土地簿籍，其中记载着每块土地的亩数、土质以及田主姓名等，并绘制成图，因图上田地一块挨着一块，很像鱼鳞，所以被称为鱼鳞图册。在

① 贝琼：1314—1379，元末明初的诗人。

占领区进行的这些土地清理，虽然不很彻底，但也颇有成效，为朱元璋顺利地征发赋役、争霸天下奠定了物质基础。

大明王朝建立不到十天，朱元璋就派遣国子监生周铸等一百六十四人到土地隐瞒现象最为严重的浙西地区核实田亩。之所以派学生去做这项工作，固然有国家初立、百废待兴、人手缺乏的因素，但更重要的原因是，出身于赤贫佃农家庭的朱元璋对官吏怀有天然的不信任感，他觉得学生比较单纯，弄虚作假的可能性要小得多。临行前，朱元璋谆谆教诲说："你们一定要据实办理，切不可徇私情，不可妄加增损。否则，国法不容！"不久，朱元璋又命中书省议定役法。他指出，国家初建，工程量大，为了防止徭役过多地落到穷困的小民身上，应采用验田出夫的办法佥派徭役。由于徭役负担是与田地多少挂钩的，土地清理就成为新役法是否成功的基础。经过中书省商议，决定每田一顷，出丁夫一人，不到一顷的，用别的田补足，称为"均工夫"。洪武三年（1370年），根据上述原则，在直隶应天等十八府州以及江西饶州、九江、南康等三府编制了均工夫图册，计田出夫，每年农闲时节，到京师服役三十天。如果田多丁少者用佃户充役，要出米一石作为佃户的费用。如果雇用他人应役，则要每亩出米二升五合。从均工夫役法中，我们可以看出朱元璋头脑中还存留着一些农民的平均主义思想。

洪武三年（1370年），北方地区的局势基本稳定下来，进行大规模户籍清理的时机已经成熟。这年十一月，朱元璋下了一道口谕给户部，命令清查户口，推行户帖制度。这道口谕保存了下来，成为洪武年间传世的为数极少的白话谕旨之一，特照录于下："说与户部官知道，如今天下太平了也，只是户口不明白哩。教中书省置天下户口的勘合文簿户帖，你每（们）户部家出榜去，教那有司官将他所管的应有百姓，都教入官附名字，写着他家人口多少，写得真着，与那百姓一个户帖，上用半印勘合，都取勘来了。我这大军如今不出征了，都教去各州县里下着，绕地里去点户比勘合，比着的便是好百姓，比不着的便拿来做军。比到其间有司官吏隐瞒了的，将那有司官吏处斩。百姓每（们）自躲避了的，依律要了罪过，拿来作军。钦此。”从这道口谕可以看出，朱元璋设计的清查程序，既严密又严酷。其程序是：先由中书省印造户籍户帖，印制时户籍与户帖两联合为一纸，在骑缝处统一编号，加盖印章，户籍与户帖上各有印章的一半，称为“半印勘合”，下发到各地方政府；然后由户部发布榜文，让各地方政府通知所辖百姓，都到官府去登记自家的户口和财产情况，经初步核实后，官府给每家发一份户帖；然后再调派军队下到乡村，按照登记底册挨户比对，逃避比对的人或经比对所报不实的人，一律发配充军；有关官吏弄虚作假者，一经发现，立即处斩。清查完毕后，户籍上交户部留存，户帖则由各户收执。朱元璋利用军队清查户口，一方面是因为当时全国大部分地区都已平定，军队不用再出征；另一方面是因为他不相信官吏，认为军队能更好地领会他的意图。

洪武十四年（1381年），朱元璋又在户帖制度的基础上建立了黄册制度。其方法是，政府把户帖发给各户，让他们详细填写籍贯、姓名、年龄、丁口、田宅、资产等内容，政府每年都要派人核查，每十年一次，根据户帖编制黄册，黄册一式四份，一份上交户部，其他则由布政司、府、县各留一份。因上交户部的册面要用黄纸，故称“黄册”，又因黄册是征收赋役的依据，所以又叫“赋役黄册”。黄册制度实行后，朱元璋觉得还不够严密，地主富户仍有可能隐瞒田地，所以到洪武二十年（1387年），又下令进行大规模的土地普查，并将普查结果编制成鱼鳞图册，图册中详细载明每块田地的亩数、质量、方圆四至以及田主姓名等。黄册以户为主，以人为经，以田地为纬，鱼鳞图册则以田地为主，以地域为经，以人为纬，两种册籍相互配合，相互补充，相互核对，相互牵制，构成一套完备严密的户口、田地和赋役管理制度。

在进行户口和田地清理的同时，朱元璋还采取严厉措施，打击豪强地主隐瞒田产、逃避赋役、转嫁负担的行为。他曾降谕申斥浙西、浙东和江西的地主富户说："做我的百姓，应当安守本分。承担国家赋役，就是应尽的本分。安守本分，就是忠孝仁义的百姓，可以保全父母妻子，使家道富裕昌盛，刑罚也不会落到身上。近来两浙、江西有些百姓，不遵守法纪，家里有田不肯出租，有丁不肯应役，结果自身受罚，还连累了官府，真是愚蠢极了。现在我特地诫谕你们，你们要立即改过从善，做我的良民。如果怙恶不悛，不但国法不容，就是天道也不能容！"他制定了一系列法令条例，对这种行为进行重点惩治。他规定，如果有人将田地假寄在别人名下，允许受寄之家告发，所寄田地就赏给告发者为业。他还下令，凡有隐瞒田土者，一旦事发，就要处以抄没家产的重刑。在编制黄册时，如果官吏、里长、甲长串通各户欺瞒作弊，官吏、里长、甲长都要处死，隐瞒入户除家长处死外，家庭其他成员还要被迁往边境荒凉地区。朱元璋甚至还规定，对于转嫁负担、行为不法的豪强地主，受害人和当地"耿直豪杰"可以不必告知地方官府，而将他们捉拿起来，直接送到京师，被拿者的罪行经查实后，全家都要迁发到荒凉的边境地区，其田产赏给受害人。

在朱元璋的大力清理整顿下，明初对田地、户口的管理趋于规范化，地主富户隐瞒田产、逃避赋役的现象大为减少，普通百姓的负担得以减轻，提高了劳动积极性，促进了社会经济的恢复和发展。

整顿军队

君主用以维持和巩固皇权的两套法宝，一是军队，二是官僚机构。用武力镇压，用官僚统治，皇权假如是车子，军队和官僚便是两个车轮，缺一不可。

朱元璋在攻克集庆以后，厉行屯田政策，广积粮食，供给军需。和刘基研究古代的兵制：征兵制的好处是全国皆兵，有事召集，事定归农，兵员素质好，来路清楚，政府在平时无养兵之费。坏处是兵员都出自农村，如有长期战争，便影响到农村的生产。而且兵源有限制，不适合大规模的作战。募兵制呢？好处是应募的多为无业游民，当兵是职业，数量和服役的时间，可以不受农业生产的限制。坏处是政府经常要维持大量数目的常备军，军费负担太重，而且募的兵来路不明，没有宗族乡党的牵绊，容易逃亡，也容易叛变。理想的办法是折中于两者之间，有两者的好处，而避免各自的坏处，主要的原则是要使战斗力量和生产力量一致。

刘基创立的办法是卫所制度。

卫所的兵源有四种：一种是从征，即起事时所统的部队，也就是郭子兴的基本队伍；一种是归附，包括削平群雄所得的部队和元朝的投降军；一种是谪发，指因犯罪被谪发当兵的，也叫恩军；一种叫垛集，即征兵，照人口比例，一家有五丁或三丁出一丁为军。前两种是原有的武力，后两者则是补充的武力。这四种来源的军人都是世袭的，为了保障固定员额的维持，规定军人必须娶妻，世代继承下去，如无子孙继承，则由其原籍家属壮丁顶补。种族绵延的原则，被应用到武装部队里来，兵营成为武装的家庭群了。

军人有特殊的社会身份，单独有“军籍”。在明代户口中，军籍和民籍、匠籍平行，军籍属于都督府，民籍属于户部，匠籍属于工部。军不受普通行政官吏的管辖，在身份上、法律上和经济上的地位，都和民不同，军和民是截然分开的。民户有一丁被选为军人时，政府优免原籍老家一丁差徭，作为优恤。军士到戍所时，由宗族治装。在卫的军士除本身为正军外，其子弟称为余丁或军余，将校的子弟则称为舍人。日常生活概由政府就屯粮支给，按月发米，称为月粮，马军月支米二石，步军总旗一石五斗，小旗一石二斗，步军一石（守城的照数支给，屯田的支半）。恩军家四口以上一石，三口以下六斗，无家口的四斗。每年给冬衣、棉布、棉花，夏衣、夏布，出征时依例给棉袄、鞋裤。

军队组织分作卫所两级：大体上以五千六百人为卫，卫有指挥使。卫分五个千户所，所一千二百二十人，有千户（长官）。千户所分十个百户所，所一百十二人，有百户（长官）。百户下有总旗二，小旗十；总旗领小旗五，小旗领军十人。大小连比以成军。卫所的分布，根据地理险要：小据点设所，关联几个据点的设卫。集合一个军区的若干卫所，又设都指挥使，作为军区的最高军事机构，长官是都指挥使。洪武二十五年（1392年），全国共有十七个都指挥使司，内外卫三百二十九个，守御千户所六十五个。

军食出于屯田。大略是学汉朝赵充国的办法，在边塞开屯，一部分军士守御，一部分军士受田耕种。目的在于省去运输费用和充裕军食，减轻国库的负担，战斗力和生产力协调一致。内地卫所跟着也先后开屯耕种，以每军受田五十亩作一分，官给耕牛农具。开始几年是免纳田租的，到成为熟地后，每亩收税一斗。规定边地守军十分之三守城，七分屯种，内地是二分守城，八分屯种，希望能达到自给自足的程度。

军队里也和官僚机构一样，清廉的武官是极少见的，军士经常被苛敛剥削。朱元璋曾经愤恨地指出："那小军每一个月只关得一担儿仓米，若是丈夫每（们）不在家里，他妇人家自去关呵，除了几升做脚钱，那害人的仓官又斜面上打减了几升。待到家里肺（音伐）过来呵，止有七八斗儿米，他全家儿大大小小要饭吃，要衣裳穿，他哪里再得闲钱与人？"

正军本人的衣着虽由官家支给，家属的却得自己制备，一石米在人口多的家庭，连吃饭也还不够，如何还能孝敬上官？如何还能添置衣服？军士活不了，只好逃亡，只好兼营副业，全部去做苦力、做买卖，军营就空了，军队的士气战斗力也就差了。

除军屯外，还有商屯。边军粮食发生困难时，政府用"开中法"来接济。开中法是把运输费用转嫁给商人，政府有粮食有盐，困难的是运输费用过大，商人有资本也有人力，却无法得到为政府所专利的盐，开中法让商人运一定数量的粮食到边境，拿到收据，可以向政府领到等价的盐，自由贩卖，从而获取重利。商人会打算盘，索性雇人在边上开屯，就地缴粮，省去几倍的运费。在这一交换过程中，不但边防充实了，政府省运费、省事，商人也发了财，皆大欢喜。而且，边界荒地开垦了，不但增加了政府的财富，也造就了地方的繁荣。

军权分作两部分：统军权归五军都督府，军令权则属于兵部。武人带兵作战，文人发令决策。在平时，卫所军各在屯地操练，战时动员令一下，各地卫军集合成军，临时指派都督府官充任将军总兵官，统带出征。战事结束，立刻复员，卫军各回原乡，将军交回将印，也回原任。将不专军，军无私将，上下阶级分明，纪律划一。唐宋以来悍将跋扈、骄兵叛变的隐患，在这一制度下被完全根除了。

朱元璋对军官军士是全力防范的，除了在各个部队里派义子监军，派特务人员侦伺以外，洪武五年（1372年）还特地降军律于各卫，禁止军官军人于私下或公开接受公侯所予信实、金银、缎匹、衣服、粮米、钱物，及非出征时，不得于公侯之家门首侍立。其公侯非奉特旨，不得私自呼唤军人役使，违者公侯三犯准免死一次，军官军人三犯发海南充军。后来更进一步，名义上以公侯伯功臣有大功，赐卒一百一十二人做卫队，设百户一人统率，颁有铁册，说明"俟其寿考，子孙得袭，则兵皆入卫"，称为奴军，亦称铁册军；事实上是防功臣有二心，特设铁册军来监视的。功臣行动，随时随地都有报告，证人是现成的，跟着是一连串的告密案和大规模的功臣被屠杀。

在作战时，虽然派有大将军统率大军，但指挥战争进行的还是朱元璋自己，用情报、用军事经验来决定前方的攻战，甚至指挥到极琐细的军务。即使对于最亲信的将领，像徐达、李文忠，也是如此。例如至正二十六年（1366年）四月十八日给徐达的手令，他说："我的见识只是如此，你每（们）见得高处强处便当处，随着你每（们）意见行着，休执着我的言语，恐怕见不到处，教你每（们）难行事。"洪武三年（1370年）四月："说与大将军知道……这是我家中坐着说的，未知军中便也不便，恁只拣军中便当处便行。"给李文忠的手令："说与保儿、老儿……我虽这般说，计量中不如在军中多知备细，随机应变的勾当。你也厮活落些儿也，那里直到我部料定！"大体上指导的原则是不能更动的，统帅所有的只是极细微的修正权。

对待俘虏的方针是屠杀，至正二十六（1366年），十一月初五日的令旨："吴王亲笔，差内使朱明前往军中，说与大将军左相国徐达、副将军平章常遇春知会：十一月初四日捷音至京城，知军中获寇军及首目人等六万余众，然而俘获甚众，虽为囚禁，令差人前去，教你每军中，将张

（士诚）军精锐勇猛的留一二万，若系不堪任用之徒，就军中暗地去除了当，不必解来。但是大头目，一名名解来。”至正二十七年（1367年）三月且严厉责备徐达不多杀人：“吴王令旨，说与总兵官徐达，攻破高邮之时，城中杀死小军数多，头目不曾杀一名。今军到淮安，若系便降，系是泗州头目青播黄旗招诱之力，不是你的功劳。如是三月已过，淮安未下，你不杀人的缘故，自说将来！依奉施行者。”至正二十六年（1366年）十月二十四日因为俘虏越狱逃跑，又下令军前：“今后就近获到寇军及首目人等，不须解来，就于军中典刑。”洪武三年（1370年）四月：“说与大将军知道：止是就阵得的人，及阵败来降的王保保头目，都休留他一个，也杀了。止留小军儿，就将去打西蜀了后，就留些守西蜀便了。”如此一来，不但俘虏，连投降的头目也一概残杀了。

有一道令旨是关于整饬军纪的，说明了这一举措的军事理由。时间是至正二十七年（1367年）三月：“（张军）男子之妻多在高邮被掳，总兵官为甚不肯给亲完聚发来？这个比杀人哪个重？当城破之日，将头目军人一概杀了，倒无可论，掳了妻子，发将精汉来，我这里赔了衣粮，又费关防，养不住。杀了男儿，掳了妻小，敌人知道，岂不抗拒？星夜教冯副使（胜）去军前，但有指挥、千户、百户及总兵官的伴当，掳了妇女的，割将首级来。总兵官的罪过，回来时与他说话。依奉施行者。”男子指的是张士诚的部队，被掳指的是被朱元璋自己的部队所掳。把俘虏的妻女抢了，送俘虏来，养不住，白赔粮食，白费事看守。掳了妇女，杀了俘虏，敌人知道了，当然会顽强抵抗，为了这个道理，朱元璋只好派特使去整顿军风军纪了。

重建宫制

随着皇权的逐步提高，隋唐以来的官僚机构，建立了以巩固皇权为目的的三省制度——中书省出命令，门下省掌封驳，尚书省主施行，其中中书官和皇帝最亲近，接触机会最多，权也最重。宋代后期，门下省不能执行审核诏令的任务，尚书省官只能平决庶务，不能参与国政，三省事实上只是一省当权。到元代索性取消门下省，把尚书省的官属六部也归并到中书，形成一省执政的局面。地方则分设行中书省，总揽军民大政，其下有路、府、州、县，管理军民。

三省制的形成有它的历史背景和原因，就这制度本身而论，把政权分作三份，一个专管决策，一个负责执行，而又另有一个纠核的机构，驳正违误，防止皇权的滥用和官僚的缺失，对巩固皇权、维持现状来说，是很有用的。可是，事实上，官僚政治本身被破坏并导致了这个官僚机构的瘫痪，皇权和相权的冲突，更是摧毁了这个官僚机构。

官僚政治特征之一是做官不做事，重床叠屋，衙门越多，事情越办不好，拿薪水的官僚越多，负责做事的人越少。例如从唐以来，往往因事设官：尚书都省原有户部，专管户口财政，在国计困难时，政府要张罗财帛，供应军需，大张旗鼓，特设监铁使、户部使、租庸使、国计使等官，由宰相或大臣兼任，意思是要提高搜刮的效率，可是这样一来，户部位低权轻，耿守都为诸使所夺，便变成闲曹[①]了。兵部专管军政，从五代设了枢密使以后，兵部又无事可做了。礼部专掌礼仪，宋代却又另有礼院。几套性质相同的衙门，新创的抢了旧衙门的职司，本衙门的官照例做和本衙门不相干的事，或者索性不做事。千头万绪，名实不副，十个官僚有九个不知道自己的职司。冗官日多，要官更多，行政效率也就日益低落。到元代又添上蒙古的部族政治机构，衙门越发多，越发庞大，混乱复杂，臃肿不灵，瘫痪的病象日益显露。

而且就官僚的服务名义说，也有官、职、差遣之分。官是表明等级、分别薪俸的标识，职以待文学侍从之臣，只有差遣是“治内外之事”的，皇家的赏功酬庸，又有阶、勋、爵、食邑、功臣号等名目。以差遣而论，又有行、守、试、判、知、权知、权发遣的不同，其实除差遣以外，其他都是不大相干的。

皇权和相权的矛盾：例如宋太宗讨厌中书的政权太重，分中书吏房置审官院，刑房置审刑院。为了分权而添置衙门，其实是夺相权归之于皇帝。皇帝的诏令照规矩必须经过中书门下，才算合法，所谓“不经凤阁鸾台，何谓之敕”？用意是防止皇权的滥用。但是，这规矩只是官僚集团的规矩，官僚的任免生杀之权在皇帝，兴衰荣辱甚至诛废的利害超过了制度的坚持，私人的利害超过了集团的利害。唐武后以来的墨敕斜封（手令），也就破坏了这个官僚制度，摧毁了相权，走上了独裁的道路。

朱元璋继承历代皇权走向独裁的趋势，对官僚机构大加改革，使之更得心应手地为皇家服务。

元代的行中书省是从中书省分出去的，职权太重，到后期鞭长莫及，几乎没法控制了。朱元璋要拥有绝对的中央集权，于是洪武九年（1376

① 闲曹：闲散的官职。

年）改行中书省为承宣布政使司，设左右布政使各一人，掌一区的政令。布政使是朝廷派驻地方的代表、使臣，禀承朝廷，宣扬政令。全国分浙江、江西、福建、北平、广西、四川、山东、广东、河南、陕西、湖广、山西十二布政使司，十五年增置云南布政使司。布政使司的分区，大体上继承元朝的行省，布政使的职权却只掌民政财政，和元朝行中书省的无所不统，轻重不大相同了。而且就地位论，行省是以都省的机构分设于地方，布政使则是朝廷派驻的使臣，前者是中央分权，后者是集于中央，意义也完全不同。此外，地方掌管司法行政的另有提刑按察使司，长官为按察使，主管一区刑名按察之事。布、按二司和掌军政的都指挥使司合称三司，是朝廷派遣到地方的三个特派员衙门，民政、司法、军政三种治权分别独立，直接由朝廷指挥，为的是便于控制，便于统治。布政司之下，真正的地方政府分两级：第一级是府，长官为知府；有直隶州，即直隶于布政使司的州，长官是知州。第二级是县，长官是知县；有州，长官是知州。州县是直接临民的政治单位。

中央统治机构的改革，稍晚于地方。洪武十三年（1380年）胡惟庸案发后，废中书省，仿周官九卿之制，提高六部地位；吏、户、礼、兵、刑、工每部设尚书一人，侍郎（分左右）二人。吏部掌全国官吏选授、封勋、考课，甄别人才；户部掌户口、田赋、商税；礼部掌礼仪、祭祀、僧道、宴飨、教育及贡举（考试）和外交；兵部掌卫所官军选授、检练和军令。刑部掌刑名；工部掌工程造作（武器、货币等）、水利、交通。都直接对皇帝负责，奉行政令。

统军机关则改枢密院为大都督府，节制中外诸军。洪武十三年（1380年）分大都督府为中、左、右、前、后五军都督府，每府以左右都督为长官，各领所属都司卫所，和兵部互相表里。都督府长官虽管军籍军政，却不直接统带军队，在有战事时，才奉令出为将军总兵官，指挥作战。战争结束，便得交还将印，回原职办事。

监察机关原来是御史台，洪武十五年（1382年）改为都察院，长官是左右都御史，下有监察御史一百一十人，分掌十二道（按照布政使司政区分道）。职权是纠劾百司，辨明冤枉，凡大臣奸邪，小人构党作威作福乱政，百官猥茸贪污舞弊，学术不正，变乱祖宗制度的，都可随时举发弹劾。这卫门的官被皇帝看作是耳目，替皇帝听，替皇帝看，有对皇权不利的随时报告。也被皇帝看作鹰犬，替皇帝追踪、搏击一切不忠于皇帝的官民，是替皇帝监视官僚的卫门，是替皇帝检举反动思想、保持传统纲纪的衙门。监察御史在朝监视各个不同的官僚机构，派到地方的，有巡按、清军、提督学校、巡监、茶马、监军等职务，其中巡按御史算是代皇帝巡狩，按临所部，大事奏裁，小事立断，是最威武的一个差使。

行政、军事、监察三种治权分别独立，由皇帝亲身总其成。官吏内外互用，其地位以品级规定。从九品到正一品，九品十八级，官和品一致，升迁调用都有一定的法度。百官分治，分别对皇帝负责，系统分明，职权清楚，法令详细，组织严谨。而在整套统治机构中，互相钳制，以监察官来监视一切臣僚，以特务组织来镇压威制一切官民。都督府管军不管民，六部管民不管军。大将在平时不指挥军队，动员复员之权属于兵部，供给粮秣的是户部，供给武器的是工部，决定战略的是皇帝。六部分别负责，决定政策的是皇帝。在过去，政事由三省分别处理，取决于皇帝，皇帝是帝国的首领。在这新统治机构下，六部府院直接隶属于皇帝。皇帝不但是帝国的首领，而且是这统治机构的负责人和执行人：历史上的君权和相权到此合一了，皇帝兼理宰相的职务，皇权由之达到巅峰。

历史的教训使朱元璋深切地明白宦官和外戚对于政治的祸害。他认为汉朝、唐朝的祸乱都是宦官做的孽，这种人在宫廷里是少不了的，只能做奴隶，洒扫奔走，人数不可过多，也不可用作耳目心腹；做耳目，耳目坏，做心腹，心腹病。对付的办法，是要使之守法，守法自然不会做坏事；不要让他们有功劳，一有功劳就难于管束了。立下规矩，凡是内臣都不许读书识字。又铸铁牌立在宫门处，上面刻着：“内臣不得干预政事，违者斩。”又规定内臣不许兼外朝的文武官衔，不许穿外朝官员的服装；做内廷官不能过四品，每月领一石米，穿衣吃饭官家管。并且，外朝各衙门不许和内官监有公文往来。这几条规定针对的是历史上曾发生过的事端，使内侍名副其实地做宫廷的仆役。对外戚干政的对策，是不许后妃干政，洪武元年（1368年）三月即命儒臣修《女诫》，纂集古代贤德妇女和后妃的故事，刊刻成书，来教育宫人，要她们学样。又立下规程，皇后只能管宫中嫔妃的事，宫门之外的事不得干预。宫人不许和外间通信，犯者处死，以断绝外朝和内廷的来往，使之和政治隔离。外朝臣僚命妇按例于每月初一、十五朝见皇后，其他时间，没有特殊缘由，不许进宫。皇帝不接见外朝命妇，皇族婚姻选配良家子女，有私进女口的不许接受。朱元璋的母族和妻族都绝后，没有外家，后代帝王也都遵守祖训，后妃必选自民家。外戚只是高爵厚禄，做大地主，住大房子，绝对不许干预政事。在洪武一朝三十多年中，内臣小心守法，宫廷和外朝隔绝，和前代相比，算是家法最严的了。

元代以吏治国，法令极繁冗，档案堆成山，吏就从中舞弊，无法根究。而且，正因为公文条例过于琐细，不费一两年工夫，无从通晓，办公文、办公事成为专门技术，掌印正官弄不清楚，只好由吏做主张，结果治国治民的都是吏，不是官。小吏们唯利是图，毫不顾及全盘局面，政治（其实是吏治）自然越闹越坏。早在至正二十七年（1367年），朱元璋便已注意到法令和吏治的关系，指令台省官立法要简要严，选用深通法律的学者编定律令。经过缜密的商订，去繁减重，花了三十年工夫，更改删定了四五次，编成《大明律》，条例简于唐朝，精神严于宋律，是中国法律史上极重要的一部法典。又为简化公文起见，于洪武十二年（1379年）

立案牍减繁式颁示各衙门，使公文明白好懂，文吏无法舞弊弄权。从此吏员在政治上被斥为杂流，不能做官。官和吏完全分开，官主行政，吏主事务，和元代的情形完全不同了。

和上述相关的是文章的格式。唐宋以来的政府文字，从上而下的制诰，从下达上的表奏，照习惯是骈俪四六文。尽管有不少人主张复古，提倡改革，所谓古文运动，在民间是成功了，但政府却仍然用老一套。同一时代用的是两种文字，庙堂是骈偶文，民间是古文。朱元璋很不以为然，以为古人作文章，讲道理，说世务，包括经典上的话，都明白好懂，像诸葛亮的《出师表》，又何尝雕琢、立意写文章？可见文章有感情，有血有肉，到如今读了还使人感动，怀想他的忠义。近来的文士，文字虽然艰深，用意却很浅近，即使写得和司马相如、扬雄一样好，别人不懂，又有什么用？以此他要秘书——翰林作文字，只要说明白道理，讲得通世务就行，不许用浮辞藻饰。到洪武六年（1373年），又下令禁止对偶四六文辞，选唐柳宗元代柳公绰《谢表》和韩愈《贺雨表》作为笺表法式。这一改革不但使政府文字简单、明白，把庙堂和民间打通，就文学的影响可以说也很大，韩愈、柳宗元以后，朱元璋是提倡古文最有成绩的一个人。他自己所作的文章，写得不好，有时不通顺，倒容易懂。信札多用口语，比文章好得多，想来是受蒙古白话圣旨的影响，也许是没有念过什么书，受旧式文体的影响比较轻的缘故吧。

唐宋两代还有一样坏风气，朝廷任官令发表以后，被任用的官照例要辞官，上辞官表，一辞再辞甚至辞让到六七次，皇帝也照例拒绝，下诏敦劝，一劝再劝甚至六次七次劝，到这人上任谢表才算罢休。辞的不是真辞，劝的也不是真劝，大家明白，这是在玩文字的把戏，误时误事，白费纸墨。朱元璋认为这种做法太无聊，也把它废止了。

严法治国

朱元璋总结元廷灭亡的教训，认为主要原因是皇帝昏乱，法度不行，所以，他积极主张正纲纪，救之以猛。他说："吾治乱世，刑不得不重。"又说："胡元以宽而失，朕收中国，非猛不可。"正是在这种思想的指导下，朱元璋对他所创建的明王朝实行了自唐宋以来空前严明的重典法治。

朱元璋的重典法治，是从严密法网和法外施刑两个方面推行的：

早在朱元璋平定武昌的时候，就命人制定律令。于建国的前一年，即1367年，便制定了一百四十六条政令，二百八十五条法律。经李善长、刘基等人裁定，朱元璋批准颁行。这是一部严峻的法典。在执行的过程中，朱元璋发现律令轻重失宜，有乖中典之处，于是，在洪武元年（1368年）八月，命儒臣四人同刑官讲唐律，每日写二十条呈阅。朱元璋从中择取可行的条款加以采纳，制成峻法施行。漳州通判王神上书要求"宽大以为政"。刘基在洪武四年（1371年）也说："霜雪之后，必有阳春，今国威已立，宜少济以宽大。"朱元璋认为"贪墨之吏，承踵元弊"，非"假峻法以绳之"不可。

洪武六年（1373年）十一月，朱元璋诏谕刑部尚书刘惟谦等详定律令。在原有律令的基础上，吸取唐律有关条款，因事而设律，制成《大明律》，共30卷，计606条，于洪武四年（1371年）颁行天下。

朱元璋并非不知宽猛相济的道理，他为了给子孙后代制定一部“百世通行”的法典，多次命人修改律令，并自作《原刑论》：

刑，罚恶之道。古制，生人非至仁不理。至仁，理五刑备用于先，必库匮于后，所以至仁焉，所以生人焉。非至仁，理备五刑而无遗，善恶恶善，始徽终乱，愚私焉。愚不知而反听私，故违而祸。仁，有以谓刑中。我以谓刑中；有以谓刑平，我以为刑当。盖听用中平，刑用中当，所以非仁不仁，仁不非仁。奸哀政简，慎稽之死生生死，甚哉艰哉，幽察而后已。详明死死，本生复生，慎哉轻重重轻。至仁理刑，一二三恶减，愚私理，悯违一，生恶四。

洪武二十八年（1395年），皇太孙朱允炆出于好生之意，请求更定五条以上严刑条律。朱元璋说：“我治乱世，刑不得不重，你治平世，刑当自轻。所谓刑罚世轻世重，就是这个道理。”于是，改定七十三条，重颁《大明律》，朱元璋亲笔为之作序：

朕有天下，仿古为治，明礼以导民，定律以绳顽，刊著为令，行之已久。奈何犯者相继，由是出五刑酷法以治之。欲民畏而不犯，作《大诰》以昭示民间，使知所趋避，又有年矣。然法在有司。民不周知，特敕六部、都察院官将《大诰》内条目撮其要略，附载于《律》，其递年一切榜文禁例，尽行革去。今后法司只依《律》与《大诰》议罪，合黥刺者，除党逆家属并律该载夕卜，其余有犯，俱不黥刺。杂犯死罪并徙流迁徙笞杖等刑，悉照今定赎罪条例科断。编写成书，刊布中外，使臣民知所遵守。

洪武二十八年（1395年）五月，朱元璋颁行的《大明律》四百六十条，包括《不准赎死罪律》《准赎死罪律》。颁行的《钦定律诰》一百四十七条，包括《不准赎死罪诰》《准赎死罪诰》。

《不准赎死罪律》共一百二十四条，其中有第一条十恶，第二条强盗，第三条劫囚，第四条强奸，第五条诈伪，第六条魇镇蛊毒，第七条失误军机，第八条朦胧启奏，第九条拒捕伤人，第十条诈传诏旨，第十一条变乱成法，第一百零一条死囚令人自杀，若见招服罪，而囚之子孙为祖父母父母，及奴婢雇工人为家长者。第一百零二条官司差人追征钱粮，句摄公事，及捕获罪人，聚众中途打夺，因而伤人及杀人，聚至十人为首。

《准赎死罪律》共九条：

第一条，军官犯死罪不请旨论功上议。第二条，内府交纳余剩金帛，擅将出外。第三条，官吏受赃过满。第四条，若冢先穿陷，及未殡埋，开棺椁见尸。第五条，盗仓库钱粮。第六条，盗内府财物。第七条，诈称冤枉，借用印信封皮。第八条，递送逃军妻女出京城。第九条，冲入仪仗，并诉事不实。

《不准赎死罪诰》共十二条：

第一条，朋奸欺罔。第二条，说事过钱。第三条，代人告状。第四条，诡名告状。第五条，载刑肆贪。第六条，空引偷军。第七条，医人卖毒药。第八条，臣民倚法为奸。第九条，妄立干办等名。第十条，阻挡耆民赴京。第十一条，秀才断指诽谤。第十二条，寰中士夫不为君用。

《准赎死罪诰》共二十四条：

第一条，逸夫。第二条，居处僭分。第三条，闲民同恶。第四条，官吏下乡。第五条，擅差职官。第六条，揽纳户。第七条，冒解罪人。第八条，庆节私买。第九条，关隘骗民。第十条，滥设吏卒。第十一条，长解卖囚。第十二条，官民有犯。第十三条，鱼课扰民。第十四条，钱钞贯文。第十五条，路费则例。第十六条，造作买卖。第十七条，市民为吏卒。第十八条，经该不解物。第十九条，阻挡乡民除恶。第二十条，僧道不务祖风。第二十一条，有司不许听事。第二十二条，不对关防勘合。第二十三条，有司逼民奏保。第二十四条，交结安置人。

《大明律》与《大诰》对维护朱元璋的统治具有特别重要的作用，它强化了君主集权。朱元璋在《御制大明律序》中明确规定："今后法司只依律与诰议罪。"他"令子孙守之，群臣有稍议更改，即坐以变乱祖制之罪"。

洪武六年（1373年）五月，许多功臣宿将倚功犯法，奴仆杀人，隐匿不报，统治集团内部官僚带头破坏法纪，百姓和皇朝的利益受到了侵犯。朱元璋针对这种情况，又特别命令工部制造铁榜，特别铸了申诫公侯的条令："凡公侯之家强占官民山场、湖泊、茶园、芦荡及金银铜场、铁冶；凡功臣之家管庄人等，倚势在乡欺殴人民；凡功臣之家屯田佃户、管庄干办、火者、奴仆及其他亲属人等，倚势凌民，夺侵田产财物者；凡公侯之家除赐定仪仗户及佃田人户，已有名额报籍在官，敢有私托门下影蔽差徭者；凡公侯之家，倚恃权豪，欺压良善，虚钱实契，侵夺人田地房屋孳畜者；凡功臣之家受诸人田土，及厩擶投献物业，凡触犯者均处以斩刑不等。"

有了律令法规条文，就有了武器，于是朱元璋开始用法律的武器治理官僚，管理百姓。

朱元璋为了使官民知法，对《大明律》《大诰》进行广泛的"直解"讲读，务必使官吏畏法，良民守法，这些对后世影响极大。

朱元璋是一个有法必依、执法必严的皇帝，无论功臣亲信还是皇亲国戚，只要触犯了律令，坚决处罚以至杀头，丝毫都不宽宥。

早在取金华的时候，军中因为缺粮，严令禁酒。大将胡大海正领兵围攻绍兴，胡大海的儿子胡三舍与王舅等人犯了酒禁，朱元璋下令处死刑。

都事王恺劝朱元璋说：“胡大海现在统兵马在外，攻打绍兴，可以本官之故饶其子不死，以免引出麻烦。”

朱元璋听了，越发恼怒，说：“宁可胡大海反了，也不可坏我号令！”于是亲自挥刀把胡三舍等人砍了。

朱元璋的老部将淮西老乡赵仲中守安庆时，陈友谅围攻安庆，赵仲中弃城逃命，朱元璋下令处死。

常遇春劝阻说：“仲中系渡江旧人，姑用赦之。”

朱元璋说：“不依军法，无以戒后。”给弓弦一条，令赵仲中自缢。

朱元璋的亲家谢再兴以及谢三、谢五因叛投张士诚，朱元璋照例处死，连他的亲侄儿朱文正犯禁，也照样用鞭子打死。

洪武十八年（1385年）十月，朱元璋亲自审处军人妄给妻室一案。并且诰令天下：“山西洪洞县姚小五妻史灵芝，系有夫妇人，已生男女三人，被军人唐闰山于兵部朦胧告取妻室。兵部给与勘合，着落洪洞县将唐闰山家属起赴镇江完聚。方起之时，本夫告县，不系军人唐闰山妻室。本县明知非理，不行与民辨明，擒拿奸诈之徒，推称内府勘合，不敢擅违。及至一切内府勘合应速行而故违者，不下数十余道。其史灵芝，系人伦纲常之道，乃有司之首务，故违不理，所以有司尽行处斩。”

又诰：“刑部尚书王岩，将史灵芝并本夫及妄取军属奸夫，尽行提取在部，不行明坐妄取他人妻室为妻之罪，又不问乡贯同否，曾无日前有奸。却乃吹毛求疵，询问出史灵芝三岁时，曾定与奸夫唐闰山兄为婚。其人未出幼已故，灵芝长成，与姚小五为婚。已生男女三人。王岩尚欲差人原籍，勾取三岁媒合之人，意在动扰良民。持权妄为。有乖治体，非止一端。”

又亲审陕西有司科敛一案，亲笔作诰曰：“陕西布政司、按察司官，府州县官王廉、苏良等，害民无厌，恬不为畏。造黄册，科敛于民。朝觐，科敛于民。买求六部宽免勘合限期，科敛于民。征收税赋，科敛于民。造上中下三等名册，科敛于民。其赃官赃吏实犯在狱，招出民人官吏，指定姓名，各寄钞银、毡衫、毡条、毡褥、毡袜、头匹等项，各照姓名坐追。其布政司、府州县闻此一至，且不与原指寄借姓名处追还，却乃一概遍府州县民科要，平加十倍。如此害民，其心略不将陕西百姓于心上，踌躕民人苦楚。且如西京、庄浪等处，河州、临洮、岷州、洮州军人缺粮，著令民人趱运。地将盈雪尺余，深沟陡涧，高山峻岭，庄农方息，劳倦未哭，各备车辆，重载涉险，供给军储，中路车颓牛死者有之，人亡粮被盗取者有之。若牛死车存，人在中途，进退两难，寒风凛冽，将欲堕指裂肤。上畏法度，谨遵差期，虽死不易，苦不胜言。设若到卫交纳，淋尖跌斛，加倍输纳，无敢妄言。如此艰辛，布政司、府州县官、按察司官，果曾轸念于民？为此法所难容，各科重罪。”

以上列举数案，足见朱元璋判案详察、秋毫明辨之迹。朱元璋关心百姓，为民做主，在判词的字里行间都有反映，尽管出发点是为了维护自己的统治，但是客观上对百姓还是有利的。

洪武十九年（1386年）三月十四日，朱元璋亲判前军断事官、提控案牍司吏施德庄，刑部总部司门部官吏胡宁、童伯俊等纵囚书写文案，各官吏束手偷闲，就令囚人杨遇春说事过钱，各受赃私。按律处于刖足鞭背之刑，不料，施德庄、杨耀、乔方在四月四日，问泉州卫指挥张杰等私下蕃事。施德庄分银一百七十两，杨耀、乔方各分银一百五十两。将原告百户范源拟作虚告，模糊实情奏闻，意在杀无罪而脱有罪，身受赃私。朱元璋与有司会审，审出奸情之后，全部依法处斩。

据史料所载，朱元璋亲手下判书一百九十二例，亲自审问的案件就无法计算了。这在历代帝王中，可谓躬亲理政之典范。

第五章

强权政治

专制统治

洪武二十八年（1395年）正式颁布《皇明祖训》。这一年，朱元璋已是68岁的老者了。在这一年之前，桀骜不驯的元勋、宿将都被他杀光了，主意多端的文臣也被他杀绝了，不归顺的地方巨室也杀得差不多了。连文人也大杀特杀，杀得无人敢说话，无人敢出一口大气了。朱元璋踌躇满志，以为从此可以高枕无忧，皇基永固，子子孙孙吃碗现成饭，不必再操心了。这年五月，朱元璋特别下了一道手令说："朕自起兵至今四十余年，亲理天下庶务，人情善恶真伪，无不涉历。其中奸顽刁诈之徒、情犯深重、灼然无疑者，特令法外加刑，意在使人知所警惧，不敢轻易犯法。然此特权时措置，顿挫奸顽，非守成之君所用长法。以后嗣君统理天下，止守《律》与《大诰》，并不许用黥刺、剕、劓、阉割之刑。臣下敢有奏用此刑者，文武群臣即时劾奏，处以重刑。"

四十年中，据朱元璋自己的著作《大诰》、《大诰续编》、《大诰三编》和《大诰武臣》的统计，所列凌迟、枭示、种诛有几千条，弃市（杀头）以下有一万多案。三编所定算是最宽容的了，"进士监生三百六十四人，愈见奸贪、终不从命、三犯四犯而到杀身者三人，三犯而诽谤杀身者又三人，姑容戴斩、绞、徒流罪在职者三十人，一犯戴死罪、徒流罪办事者三百二十八人。"有御史戴死罪，戴着脚镣，坐堂审案的，有挨了八十棍回衙门做官的。其中最大的案件有胡惟庸案、蓝玉案、空印案和郭桓案，前两案株连被杀的四万人，后两案合计有七八万人。所杀的人，从开国元勋到列侯裨将、部院大臣、诸司官吏到州县胥役、进士监生、经生儒士、富人地主、僧道屠沽，乃至亲侄儿、亲外甥，无人不杀，无人不可杀，一个个地杀，一家家地杀，有罪的杀，无罪的也杀，“大戮官民，不分臧否”。早在洪武七年（1374年），便有人控诉杀得太多了，“才能之士，数年来幸存者百无一二”。到洪武九年（1376年），单是官吏犯笞以上罪，谪戍到凤阳屯田的便有一万多人。洪武十八年（1385年）九月朱元璋在给萧安石子孙符上自己也承认：“朕自即位以来，法古命官，列布华夷，岂期擢用之时，并效忠贞，任用既久，俱系奸贪！朕乃明以宪章，而刑责有不可恕。以至内外官僚，守职维艰，善能终是者寡，身家诛戮者多。”郭桓案发后，他又说：“其贪婪之徒，闻桓之奸，如水之趋下，半年间弊若蜂起，杀身亡家者，人不计其数。出五刑以治之，挑筋、剁指、刖足、髡发、文身，罪之甚者欤？”

政权的维持建立在流血屠杀、酷刑暴行的基础上，这个时代，这种政治，确确实实是名副其实的恐怖政治。

胡惟庸案发于洪武十三年（1380年），蓝玉案发于洪武二十六年（1393年），前后相隔十四年。主犯虽然是两个，其实是一个案子。

胡惟庸是初起兵占领和州时的帅府旧僚，和李善长同乡，又结了亲。因李善长的举荐，逐渐发达，洪武三年（1370年）拜中书省参知政事，洪武六年（1373年）七月拜右丞相。

中书省综掌全国大政，丞相对一切庶务有专决的权力，统率百官，只对皇帝负责。胡惟庸干练有为，有魄力，有野心，在中书省年代久了，大权在手，威福随心，兼之十年宰相，门下故旧僚友也隐隐结成一个庞大的力量，这个力量是以胡惟庸为核心的。拿惯了权的人，怎么也不肯放下。朱元璋赤手空拳建立的基业，苦战了几十年，拼上命得到的大权，平白被人分去了一大半，真是倒持太阿，授人以柄，想想又怎么能甘心！困难的是皇帝和丞相的职权，从来不曾有过清楚的界限，理论上丞相是辅佐皇帝治理天下的，相权是皇权的代表，两者是合二为一的，不应该有冲突。事实上假如一切庶政都由丞相处分，那么皇帝没事做，只能签字画可，高拱无为。反之，如皇帝躬亲庶务，大小事情一概过问，那么，这个宰相除了伴食画诺以外，又有什么可做？这两个人都刚愎自用，都固执，都喜欢独裁，好揽权，都不肯相让。许多年的争执、摩擦，相权和皇权相对立，最后，冲突表面化了。朱元璋有军队，有特务，失败的当然是文官。在胡惟庸以前，第一任丞相李善长小心怕事，徐达经常统兵在外，和朱元璋的冲突还不太明显、严重（刘基自己知道性子太刚，一定合作不了，坚决不干）。接着是汪广洋，碰了几次大钉子，末了还是赐死。中书官有权的如杨宪，也是被杀的。胡惟庸是任期最长、冲突最厉害的一个。胡惟庸被杀后，朱元璋索性取消中书省，由皇帝兼行相权，皇权和相权合而为一。洪武二十八年（1395年）手令："自古三公论道，六卿分职，自秦始置丞相，不旋踵而亡。汉、唐、宋因之，虽有贤相，然其间所用者多有小人，专权乱政。我朝罢相，设五府、六部、都察院、通政司、大理寺等衙门，分理天下庶务，彼此颉颃，不敢相压，事皆朝廷总之，所以稳当。以后嗣君并不许立丞相，臣下敢有奏请设立者，文武群臣即时劾奏，处以重刑。"这里所说的"事皆朝廷总之"的朝廷，指的便是朱元璋自己。胡惟庸被杀在政治制度史上的意义，是治权的变质，也就是从官僚和皇家共治的阶段，转变为官僚成奴才、皇帝独裁的阶段。

胡惟庸之死只是这件大屠杀案的一个引子，公布的罪状是擅权枉法。以后朱元璋要杀不顺眼的文武臣僚，便拿胡案做底子，随时加进新罪状，把它放大、发展。一放为私通日本，再放为私通蒙古。日本和蒙古，"南倭北虏"，是当时两大敌人，通敌当然是谋反。三放又发展为串通李善长谋逆，最后成为蓝玉谋逆案。罪状越多，牵连的罪人也越多。由甲连到乙，乙攀到丙，转弯抹角像瓜蔓一样四处伸出去，一网打尽，名为株连。被杀的都以家族做单位，杀一人也就是杀一家。坐胡案死的著名人物有御史大夫陈宁、中丞涂节、太师韩国公李善长、延安侯唐胜宗、吉安假侯陆仲亨、平凉侯费聚、南雄侯赵庸、荥阳侯郑遇春、宜春侯黄彬、河南侯陆聚、宣德侯金朝兴、靖宁侯叶升、申国公邓镇、济宁侯顾敬、临江侯陈镛、营阳侯杨通、淮安侯华中，高级军官毛骧、李伯升、丁玉和宋濂的孙子宋慎。宋濂也被牵连，贬死茂州。坐蓝党死的除大将凉国公蓝玉以外，还有吏部尚书詹徽、侍郎傅友文、开国公常升、景川侯曹震、鹤庆侯张翼、舳舻侯朱寿、东莞侯何荣、普定侯陈桓、宣甯候曹泰、会宁侯张温、怀远侯曹兴、西凉侯濮王与、东平侯韩勋、全宁侯孙恪、审阳侯察罕、徽先伯桑敬和都督黄辂、汤泉等。胡案有《昭示奸党录》，蓝案有《逆臣录》，把口供和判案详细记录公布，让全国人都知道这些“奸党”的“罪状”。被杀公侯中，东莞侯何荣是何真的儿子，何真死于洪武二十一年（1388年），被帐下旧校捏告生前是胡惟庸一党，勒索两千两银子，何家子弟到御前分辩，朱元璋大怒说：“我的法，这厮把作买卖！”把旧校绑来处死。到洪武二十三年（1390年）何荣弟何崇祖回广东时，兄把袂连声：“弟弟，今居官祸福顷刻，汝归难料再会日。到家告知伯叔兄弟，勿犯违法事，保护祖宗，是所愿望！”

可是，逃过了胡党，还是逃不过蓝党。何家是岭南大族，何真在元明之际保障过一方秩序，威望极高，如何放得过？据何崇祖自述：“洪武二十六年（1393年），族诛凉国公蓝玉，扳指公侯文武家，名蓝党，无有分别。自京及天下，赤族不知几万户。长兄四兄宏维暨老幼成丧。三月二十日夜鸡鸣时，家人彭康寿叩门，吾床中闻知祸事，出问故，云：‘昨晚申时，内官数员带官军到卫，城门皆闭。是晚有公差出城，私言今夜抄提员头山何族，因此奔回。’……军来甚众，吾忙呼妻封氏各自逃生。”

何崇祖一房从此隐居岛宿，潜形匿迹，一直到洪武三十一年（1398年）新帝登基大赦，才敢回家安居。

李善长死时已经七十七岁了。帅府元僚，开国首相，替主子办了三十九年事，儿子做驸马，本身封国公，富极贵极，末了却落得全家诛戮。一年后，有人上疏喊冤说：“善长与陛下同心，出万死以取天下，勋臣第一，生封公，死封王，男尚公主，亲戚拜官，人臣之分极矣。借今欲自图不轨，尚未可知。而今谓其欲佐胡惟庸者，则大谬不然。人情爱其子，必甚于兄弟之子（善长弟存义子佑是胡惟庸的从女婿），安享万全之富贵者，必不侥幸万一之富贵。善长与惟庸，犹子之亲耳，于陛下则亲子女也。使善长佐惟庸成，不过勋臣第一而已矣，太师国公封王而已矣，尚主纳妃而已矣，宁复有加于今日？且善长岂不知天下之不可幸取？当元之季，欲为此者何限，莫不身为齑粉，覆宗绝祀，能保首领者几何人哉！善长胡乃身见之，而以衰倦之年身蹈之也？凡为此者，必有深仇激变，大不得已。父子之间，或至相挟以求脱祸，今善长之子祺，备陛下骨肉亲，无纤芥嫌，何苦而忽为此？若谓天象告变，大臣当灾，杀之以应天象，则尤不可。臣恐天下闻之，谓功如善长且如此，四方因之解体也。今善长已死，言之无益，所愿陛下作戒将来耳。”

说得句句有理，字字有理，朱元璋无话可驳，也就算了。

二案以外，开国功臣被杀的，还有谋杀小明王的凶手德庆侯廖永忠，洪武八年（1375年）以僭用龙凤不法等事赐死；永嘉喜侯朱亮祖父子于洪武十三年（1380年）被鞭死；临川侯胡美于洪武十七年（1384年）犯禁伏诛；江夏侯周德兴于洪武二十五年（1392年）以帷薄不修、暧昧的罪状被杀；洪武二十七年（1394年），杀定远侯王弼、永平侯谢成、颍国公傅友德；洪武二十八年（1395年）杀宋国公冯胜。周德兴是朱元璋儿时放牛的伙伴，傅友德、冯胜功最高，突然被杀，根本不说有什么罪过，正应着古人说的“飞鸟尽，良弓藏；狡兔死，走狗烹”的话。

不但列将依次诛夷，甚至坚守南昌七十五日，力拒陈友谅，造成鄱阳湖大捷，奠定王业的功臣，义子亲侄朱文正也以“亲近儒生，胸怀怨望”被鞭死。义子亲甥李文忠，十几岁便在军中，南征北伐，立下大功，也因为左右多儒生，礼贤下士，有政治野心被毒死。刘基是幕府智囊，运谋决策，不只有定天下的大功，并且是奠定帝国规模的主要人物，因为主意多，看得准，看得远，被猜忌最深，洪武元年（1368年）便被休致回家，又怕隔得太远会出事，硬拉回南京，终于被毒死。徐达为开国功臣第一，小心谨慎，也逃不过。洪武十八年（1385年），徐达生背疽，据说这病最忌吃蒸鹅，病重时皇帝却特赐蒸鹅，没办法，流着眼泪当着使臣的面吃了，不多日就死了。这两个元勋特别被注意、被防范，满朝文武全知道，给事中陈汶辉曾经上疏公开指出：“今勋旧耆德，咸思辞禄去位，如刘基、徐达之见猜，李善长、周德兴之被谤，视萧何、韩信其危疑相去几何哉！”

武臣之外，文官被杀的也着实不少。有记载可考的有宋思颜、夏煜、高见贤、凌说、孔克仁，这几人都是初起事时的幕府僚属。宋思颜在幕府里的地位仅次于李善长。夏煜是诗人，和高见贤、杨宪、凌说一伙，专替朱元璋“伺察搏击”，尽鹰犬的任务，告密栽赃，什么事都干，到末了也被人告密，先后送了命。朝官中有礼部侍郎朱同、张衡，户部尚书赵勉，吏部尚书余饩，工部尚书薛祥、秦逵，刑部尚书李质、开济，户部尚书茹太素，春官王本，祭酒许存仁，左都御史杨靖，大理寺卿李仕鲁，少卿陈汶辉，御史王朴，纪善白信蹈等。外官有苏州知府魏观、济宁知府方克勤、番禺知县道同、训导叶伯巨、晋王府左相陶凯等。茹太素是个刚性人，爱说老实话，几次因为话不投机被廷杖，降官，甚至镣足治事。一天，在便殿赐宴，朱元璋赐诗说："金杯同汝饮，白刃不相饶。"茹太素磕了头，续韵吟道："丹诚图报国，不避圣心焦！"朱元璋听了倒也很感动，不多时茹太素还是被杀。李仕鲁是朱熹学派的学者，劝皇帝不要太尊崇和尚道士，想学韩文公辟佛，来发扬朱学。料想着朱熹和皇帝是本家，这着棋准下得不错，不料皇帝竟不买朱夫子的账，全不理会。李仕鲁急了，闹起迂脾气，当面交还朝笏，要告休回家。朱元璋大怒，叫武士把他掼死在阶下。陶凯是御用文人，一时诏令、封山、歌颂、碑志多出其手，做过礼部尚书，制定军礼和科举制度，只因起了一个别号叫"耐久道人"，犯了忌讳被杀。员外郎张来硕谏止娶已许配的少女做妾，说"于理未当"，被碎肉而死，参议李饮冰被割乳而死。

叶伯巨在洪武九年（1376年）以星变上书，论用刑太苛说：

臣观历代开国之君，未有不以仁德结民心，以任刑失民心者，国祚长短，悉由于此。议者曰宋元中叶，专事姑息，赏罚无章，以致亡灭。主上痛惩其弊，故制不宥之刑，权神变之法，使人知惧而莫测其端也。臣又以为不然。开基之主，垂范百世，一动一静，必使子孙有所持守，况刑者国之司命，可不慎欤！夫笞、杖、徙、流、死，今之五刑也。用此五刑，既无假贷，一出乎大公至正可也，而用刑之际，多裁自圣衷，遂使治狱之吏，务趋求意旨，深刻者多功，平反者得罪，欲求治狱之平，岂易得哉！近者特旨杂犯死罪，免死充军，又删定旧律诸则，减宥有差矣。然未闻有戒饬治狱者，务从平恕之条，是以法司犹循故例，虽闻宽宥之名，未见宽宥之实。所谓实者，诚在主上，不在臣下也。故必有罪疑惟轻之意，而后好生之德洽于民心，此非可以浅浅期也。何以明其然也？古之为士者以登仕为荣，以罢职为辱，今之为士者以溷迹无闻为福，以受玷不录为幸，以屯田工役为必获之罪，以鞭笞捶楚为寻常之辱。其始也，朝廷取天下之士，网罗捃摭，务无余逸，有司敦迫上道，如捕重囚。比到京师，而除官多以貌选，所学或非所用，所用或非其所学。洎乎居官，一有差跌，苟免诛戮，则必在屯田工役之科，率是为常，不少顺惜。此岂陛下所乐为哉！诚欲人之惧而不敢犯也。窃见数年以来，诛杀亦可谓不少矣，而犯者相踵，良由激劝不明，善恶无别，议贤议能之法既废，人不自励而为善者怠也。有人于此，廉如夷、齐，智如良、平，少戾于法，上将录长弃短而用之乎？将舍其所长苛其所短而置之法乎？苟取其长而舍其短，则中庸之材争自奋于廉智；倘苛其短而弃其长，则为善之人皆曰某廉若是，某智若是，朝廷不少贷之，吾属何所容其身乎？致使朝不谋夕，弃其廉耻，或自掊克，以备屯田工役之资者，率皆是也。若是非用刑之烦者乎！汉尝徙大族于山陵矣，未闻实之以罪人也，今凤阳皇陵所在，龙兴之地，而率以罪人居之，怨嗟愁苦之声，充斥园邑，殆非所以恭承宗庙意也。

——《明史·叶伯巨传》

朱元璋看了气极，连声音都发抖了，连声说："这小子敢如此！快逮来！我要亲手射死他！"隔了些日子，中书省官趁他高兴的时候，奏请把叶伯巨打入刑部狱，不久他便死在狱中。

照规定，每年各布政使司和府州县都得派上计吏到户部，核算钱粮军需等账目，数目琐碎畸零，必经府合省，省合部，一层层报上去，一直到部里审核报销，才算手续完备。钱谷数字有分毫升合不符合，整个报销册便被驳回，得重新填造。布政使司离京师远的六七千里，近的也是三四千里，册子重造不打紧，要有衙门的印才算合法，为了盖这颗印，来回时间就得一年半载。为了免得部里挑剔，减除来回奔走的麻烦，上计吏照例都带有预先备好的空印文书，遇有部驳，随时填用。到洪武十五年（1382年），朱元璋忽然发觉这事，以为一定有弊病，大发雷霆，下令地方各衙门的长官主印者一律处死，佐贰官杖一百充军边地。其实上计吏所预备的空印文书是骑缝印，不能作为别用，也不一定用得着，全国各衙门都明白这道理，连户部官员也是照例默认的，算是一条不成文的法律。可是案发后，朝廷上谁也不敢说明详情，有一个不怕死的老百姓，拼着命上书把这事解释明白，也没有用，还是把地方长吏一杀而空。当时最有名的好官济宁知府方克勤（建文朝大臣方孝孺的父亲）也死在这案内，上书人也被罚充军。

郭桓是户部侍郎。洪武十八年（1385年），有人告发北平二司官吏与郭桓通同舞弊，从六部左右侍郎以下都处死刑，追赃七百万。供词牵连到各直省官吏，死的又是几万人。追赃又牵连到全国各地，中产之家差不多全被这案子搞得倾家荡产，财破人亡。这案子牵动了整个社会，也大伤了中产阶级和中下级官僚的心，大家都指斥攻击告发此案的御史和审判官，议论沸腾，情势严重。朱元璋一看不对，赶紧下手诏条列郭桓等罪状，说道：

户部官郭桓等收受浙西秋粮，合上仓四百五十万石，其郭桓等只收（交）六十万石上仓，钞八十万锭入库，以当时折算，可抵二百万石，余有一百九十万石未曾上仓，其桓等受要浙西等府钞五十万贯，致使府、州县官黄文等通同刁顽人吏边源等作弊，各分入己。

其应天等五府州县数十万没官田地夏秋税粮，官吏张钦等通同作弊，并无一粒上仓，与同户部官郭桓等尽行分受。

其所盗仓粮，以军卫言之，三年所积卖空。前者榜上若欲尽写，恐民不信，但略写七百万耳。若将其余仓分并十二布政司通同盗卖见在仓粮，及接受浙西等府钞五十万张卖米一百九十万（石）不上仓，通算诸色课程鱼盐等项，及通同承运库官范朝宗偷盗金银，广惠库官张裕妄支钞六百万张，除盗库见在金银宝钞不算外，其卖在仓税粮及未上仓该收税粮及鱼盐诸色等项，共折米算，所废（吞没）者二千四百余万（石）精粮。

意思是追赃七百万还是圣恩宽容，认真算起来该有二千四百万（石），这几万人死得决不委屈。话虽如此说，到底觉得有些不妥，只好借审刑官的头来平众怒，把原审官杀了一批，再三申说，求人民的谅解。一年后，他又特别指出："自开国以来，惟两浙、江西、两广、福建所设有司官，未尝任满一人，往往未及终考，自不免于赃贪。"可见杀这些贪官污吏是没有错的，是千该万该的。不过，倒过来说，杀了二十年的贪官污吏，而贪官污吏还是那么多，沿海比较富饶区域的地方官，二十年来甚至没有一个能够做满任期，都在中途犯了赃贪的罪，由此可见专制独裁的统治，单用严刑重罚、恐怖屠杀去根绝贪污，是不可能有什么效果的。

在鞭笞、苦工、剥皮、抽筋以至抄家灭族的恐怖氛围中，凡是做官的，不论大官小官、近臣远官，随时随地都会有不测之祸，人人在提心吊胆、战战兢兢地过日子。这日子过得太紧张了，太可怕了，有的人实在受不了，只好辞官，回家当老百姓。不料又犯了皇帝的忌讳，说是不肯帮朝廷做事："奸贪无福小人，故行诽谤，皆说朝廷官难做。"大不敬，非杀不可。没有做过官的儒士，怕极了，躲在乡间不敢出来应考做官，他又下令地方官用种种方法逼他们出来，"有司敦迫上道，如捕重囚"。还立下一条法令，说是："率土之滨，莫非王臣，寰中士大夫不为君用，是自外其教者，诛其身而没其家，不为之过。"贵溪儒士夏伯启叔侄各剁去左手大指，立誓不做官，被拿赴京师面审，朱元璋生气地发问："昔世乱居何处？"回说："红寇乱时，避居于福建、江西两界间。"不料"红寇"这名词正刺皇帝的痛处："朕知伯启心怀愤怒，将以为朕取天下非其道也。"特谓伯启曰："尔伯启言红寇乱时，意有他忿。今去指不为朕用，宜枭令籍没其家，以绝狂愚夫仿效之风。”特派法司押回原籍处决。苏州人才姚润、王谟被征不肯做官，也都被处死，全家籍没。

洪武朝朝臣幸免于屠杀的，只有几个例子：一个是大将信国公汤和，原是朱元璋同村子人，一块儿长大的看牛伙伴，比朱元璋大三岁。起兵以后，诸将地位和朱元璋不相上下的，都闹别扭，不听使唤，只有汤和规规矩矩，小心听话，服从命令。到晚年，徐达、李文忠死已多年，汤和宿将功高，明白老伙伴脾气，对于诸大将兵权在握心里老大不愿意，苦的是嘴里说不出。他便首先告老交出兵权，朱元璋大喜，立刻派官给他在凤阳盖府邸，赏赐礼遇，特别优厚，算是侥幸老死在床上。另一个是御史袁凯。有一次朱元璋要杀许多人，叫袁凯把案卷送给皇太子复讯，皇太子主张从宽。袁凯回报，朱元璋问：“我要杀人，皇太子却要宽减，你看谁对？”袁凯不好说话，只好回答：“陛下要杀是守法，东宫要赦免是慈心。”朱元璋大怒，以为袁凯两头讨好，脚踏两头船，老滑头，要不得。袁凯大惧，假装疯癫。朱元璋说疯子不怕疼，叫人拿木钻来刺他的皮肤，袁凯咬紧牙齿，忍住不喊疼。回家后，自己拿铁链锁住脖子，蓬头垢面，满口疯话，朱元璋还是不放心，派使者去召他做官，袁凯瞪眼对使者唱《月儿高》曲，趴在篱笆边吃狗屎，使者回报果然疯了，才不追究。这一次朱元璋却受了骗，原来袁凯预先叫人用炒面拌砂糖，捏成段段，散在篱笆下，抓着吃了，救了自己一条命，朱元璋哪里会知道？

吴人严德珉由御史升左佥都御史，因病辞官，犯了忌讳，被黥面充军南丹（今广西），遇赦放还，布衣徒步做老百姓，谁也不知道他曾做过官，到宣德时还很健朗。一天因事被御史所逮，跪在堂下，供说也曾在台勾当公事，颇晓三尺法度。御史问是何官，回说洪武中台长严德珉便是老夫。御史大惊谢罪，第二天去拜访，却早已挑着铺盖走了。有一个教授和他喝酒，见他脸上刺字，头戴破帽，问老人家犯什么罪过，严德珉说了详情，并说先时国法极严，做官的多半保不住脑袋。说时还北面拱手，嘴里连说："圣恩！圣恩！"

朱元璋有一天出去私访。到一破寺，里边没有一个人，墙上画一布袋和尚，有诗一首："大千世界浩茫茫，收拾都将一袋藏。毕竟有收还有放，放宽些子又何妨。"墨迹还新鲜，是刚画刚写的，赶紧使人去搜索，已经不见了。这个故事不一定是真实的，不过，所代表的当时人的情绪却是真实的。

设文字狱

虽然《大明律》并无规定上呈皇帝的文字有许多禁忌，违反了就得杀头，但是，在明初，"百无是处"的文人，却因为几个方块字，不知道被屠杀了多少，被毁灭了多少家族。

所谓禁忌，含义是非常广泛的。例如朱元璋从小穷苦，当过和尚，和尚的特征是光头，没有头发，因此不但"光""秃"这一类字犯忌讳，就连"僧"这个字也被讨厌，推而广之，连和僧字同音的"生"字也不喜欢。又如他早年是红巾军的小兵，红巾军在元朝政府和地主官僚士大夫的口头上、文字上，是被叫作红贼、红寇的，不管说的是谁，总以为骂的是他，推而广之，连和贼字形相像的"则"字也让人看着心虚了。这一类禁忌心理，在平常人，最多是骂一场，打一架，可是皇帝就不同了，一张嘴，就是砍头、抄家、灭族。法律、刑章，不过为对付老百姓用的，皇帝在法律之上，在法律之外；而且还可以为自己的方便，临时添进一两款，弄得名正言顺。大明帝国的第一代皇帝，从小失学，虽然曾经在皇觉寺混了一些日子，从佛经里认了几个字，后来在行伍里和读书人相处在一起，请了许多文人学者来讲学，更明白往古还有许多大道理。可是，到底根基差，认字不太多，学问不到家，许多字认不真，加上心虚护短的自卑心理，凭着有百万大军的威风，滥用权力，就随随便便糊里糊涂杀了无数文人，造成明初的文字狱。

他的自卑心理，另一表现就是卖弄身份。论出身，朱元璋既不像周文王那样是王子王孙，也不像隋文帝那样是世代将门；父亲、祖父是佃农，没什么值得夸耀的。怕人讪笑，索性强调自己是无根基的，没来头的，不是靠祖宗先人基业起家的。在口头上，在文字上，甚至在正式的诏书上，一张嘴，一动笔，总要插进“朕本淮右布衣”，或者“江左布衣”，以及“匹夫”“起自田亩”“出身寒微”一类的话；尤其是“布衣”这一词，仔细研究他的诏书，很难找出不提这两个字的。强烈的自卑感表现为自尊，朱元璋自比汉高祖，原来历史上的汉高祖也和他一样，是个平民出身的大皇帝。不断地叙说，甚至卖弄，卖弄他赤手空拳打下来的天下。可是，尽管他左一个“布衣”，右一个“布衣”，以至于“寒微”之类，一套口头禅，说得很利落，却绝不许人家如此说，一说就以为是挖苦他的根基，又是一场血案。

其实，他又何尝不想攀一个显赫知名的人做祖宗，只是被人点破，不好意思而已。据说，当他和一批文臣商量修玉牒（家谱）的时候，原来打算拉宋朝的朱熹做祖先的。恰好一个朱姓徽州人做典史的来朝见，他打算拉本家，就问：“你是朱文公的子孙吗？”这人不明底细，又怕撒谎会闯祸，只好回说不是。他一想，区区的典史尚且不肯冒认别人做祖宗，堂堂大皇帝又怎么可以？而且几代以前也从没有听说和徽州有过瓜葛，万一硬联上，白给人做子孙倒不打紧，被识破了落一个话柄，如何值得？只好打消了这念头，不做名儒的后代，却向汉高祖去看齐了。

文字狱的经过如此：地方三司官和知府、知县、卫所官，逢年过节和皇帝生日以及皇家喜庆所上的表笺，照例委托学校教官代作，虽然都是陈词滥调的一套颂圣的话，朱元璋偏喜欢仔细阅读，挑出恭维话来愉悦自己。不料看多了，便出问题：怎么全是说我好的？被屠宰的猪羊会对屠夫讨好感谢？

他原来不是使小心眼的人，更不会挑剔文字。从渡江以后，得到文人很多帮助。开国以后，朝仪制度、军卫、户籍、学校等典章规程又多出于文人的计划，使他越发看重文人，以为治国非用文人不可。百战功高的勋臣们感觉不平，认为我们流血百战，却让这些“瘟书生”来当权，多少次向皇帝诉说，皇帝都不理会。商量多时，生出主意，一天又向皇帝告状，朱元璋还是那一套老话，说是世乱用武，世治宜文，马上可以得天下，不能治天下，总之，治天下是非文人不可的。有人就说：“不过文人也不能过于相信，太相信了会上当的。一般的文人好挖苦毁谤，拿话刺人，譬如张九四一辈子宠待儒生，好房子，高薪水，三日一小宴，五日一大宴，把文人捧上天。做了王爷后，要起一个官名，有人取为士诚。”朱元璋说：“不错呵，这名字不错。”那人说：“不然，上大当了。《孟子》上有‘士，诚小人也’。把这句话连起来，再割裂起来念，就读成‘士诚，小人也’，骂他是小人，他哪里懂得，给人叫了半辈子小人，到死还不明白，真是可怜。”朱元璋听了这番话，正中痛处，从此加意读表笺，果然满纸都是和尚贼盗，句句都是对着他骂的，有的成语转弯抹角揣摩了半天，也是损他的，一怒之下，把这些作文字的文人，一概杀了。

文字狱的著名例子，如浙江府学教授林元亮替海门卫作《谢增俸表》，有“作则垂宪”一句话，北平府学训导赵伯宁为都司作《贺万寿表》，有“垂子孙而作则”一语，福州府学训导林伯瑕为按察使撰《贺冬至表》的“仪则天下”，桂林府学训导蒋质为布政使、按察使作《正旦贺表》的“建中作则”，澧州学正孟清为本府作《贺冬至表》的“圣德作则”，他把所有的“则”都念成“贼”。常州府学训导蒋镇为本府作《正旦贺表》，有“睿性生知”，生字被读作“僧”。怀庆府学训导吕睿为本府作《谢赐马表》有“遥瞻帝扉”，“帝扉”被读成“帝非”。祥符县学教谕贾翥为本县作《正旦贺表》的“取法象魏”，“取法”读作“去发”。亳州训导林云为本府作《谢东宫赐宴笺》有“式君父以班爵禄”，“式君父”硬被念成“失君父”，说是诅咒。尉氏县教谕许元为本府作《万寿贺表》：“体乾法坤，藻饰太平。”更严重了，“法坤”是“发髡”，“藻饰太平”是“早失太平”。德安府县训导吴宪为本府作《贺立太孙表》：“永诏亿年，天下有道，望拜青门。”“有道”变成‘有盗”，“青门”当然是和尚庙了。都一概处死，甚至陈州学训导周冕为本州作《贺万寿表》的“寿域千秋”，念不出花样来的也是被杀。

象山县教谕蒋景高以表笺误被逮赴京师斩于市。杭州教授徐一夔贺表有“光天之下，天生圣人，为世作则”，朱元璋读了大怒说：“‘生’者僧也，骂我当过和尚。‘光’是剃发，说我是秃子。‘则’音近贼，骂我做过贼！”立刻逮来杀了。吓得礼部官魂不附体，求皇帝降一道表式，使臣民有所遵守。洪武二十九年（1396年）七月，特派翰林院学士刘三吾、左春坊右赞善王俊华撰庆贺谢恩表笺成式，颁布天下诸司，以后凡遇庆贺谢恩，如式录进。

文字狱从洪武十七年（1384年）到二十九年（1396年）前后经过十三年，可能唯一幸免的文人是翰林编修张某，此人在翰林院时说话太直，被贬作山西蒲州学正，照例作庆贺表，朱元璋特别记得这人名字，看表词里有“天下有道”“万寿无疆”，发怒说：“这老头还骂我是强盗。”差人逮来面讯，说：“把你送法司，更有何话可说？”张某说：“只有一句话，说了再死也不迟。陛下不是说过表文不许杜撰，都要出自经典，要有根有据的话吗？‘天下有道’是孔子的格言，‘万寿无疆’是《诗经》里的成语，说臣诽谤，不过如此。”朱元璋无话可说，想了半天，才说：“这老头还嘴犟，放掉吧！”左右侍从私下谈论：“几年来就见容了这一个人！”

有一个和尚叫来复，巴结皇帝，作一首谢恩诗，有“殊域”和“自惭无德颂陶唐”之句。朱元璋大生气，以为殊字分为歹朱，又说“无德颂陶唐”，是说我无德，虽欲以陶唐颂我而不能，便把这乱讨好的和尚斩首。

在戡乱建国声中，文人作反战诗也是犯罪的。佥事陈养浩有诗云：“城南有嫠妇，夜夜哭征夫。”朱元璋恨他动摇士气，取到湖广，投在水里淹死。甚至作一首宫词，也会被借题处死。翰林编修高启作《题宫女图》诗，有云：“小犬隔花空吠影，夜深宫禁有谁来？”朱元璋以为是讽刺他的，恨在心头。苏州知府魏观改修府治被杀后，朱元璋知道《上梁文》又是高启写的，旧仇新罪都发，把高启腰斩。地方官报告就本身职务有所陈请，一字之嫌，也会送命。卢熊做兖州知州，具奏州印“兖”字误类“衮”字，请求改正，朱元璋极不高兴，说：“秀才无理，便道我兖哩！”原来又把“兖”字缠作“滚”字了，不久，卢熊终于以党案被诛。

从个人的避忌进一步便发展为广义的避忌了。洪武三年（1370年）禁止小民取名用天、国、君、臣、圣、神、尧、舜、禹、汤、文、武、周、汉、晋、唐等字，洪武二十六年（1393年）榜文禁止百姓取名太祖、圣孙、龙孙、黄孙、王孙、太叔、太兄、太弟、太师、太傅、太保、大夫、待诏、博士、太医、太监、大官、郎中字样，并禁止民间久已习惯的称呼，如医生只许称医士、医人、医者，不许称太医、大夫、郎中；梳头人只许称梳篦人或称整容，不许称待诏；官员之家火者，只许称阍者，不许称太监，违者都处重刑。

不只是文字，甚至口语也有避忌。传说有一次他便装出外察访，有一老婆子和人谈话，提起上位（明初人对皇帝的私下称呼）时，左一个老头儿，右一个老头儿，朱元璋当时不好发作，走到徐达家，绕着屋子踱来踱去，气得发抖，后来打定主意，传令五城兵马司带队到那老婆子住的地方，把那一带的民家都给抄没了。回报时他还哑着嗓子说："张士诚占据东南，吴人到现在还叫他张王，我做了皇帝，这地方的老百姓居然叫我老头儿，真气死人，气死人！"

其他文人被杀的如处州教授苏伯衡以表笺误论死，太常卿张羽曾代撰《滁阳王庙碑》，坐事投江死，河南左布政使徐贲下狱死。苏州经历孙蕡曾为蓝玉题画；泰安州知州王蒙坐尝谒胡惟庸，在胡家看画；王行曾做蓝玉家馆客，都以党案论死。苏伯衡和王行都连两个儿子同命，一家杀绝。郭奎曾参朱文正大都督府军事，文正被杀，郭奎也论死。王彝曾修《元史》，坐魏观案和高启同死。同修《元史》的山东副使张孟兼、博野知县傅恕和福建佥事谢肃，都坐事死。何真幕府里的人物，岭南五先生之一的赵介，死在被逮途中。初定金华时，罗致幕中讲述经史的戴良，坚决不肯做官，得罪自杀。不死的，如曾修《元史》的张宣，谪徙濠州；杨基被谪罚做苦工，一直到死；乌斯道谪役定远，唐肃谪佃濠梁，顾德辉父子在吴平后并徙濠梁，都算是万分侥幸的了。

明初的著名诗人吴中四杰——高启、杨基、张羽、徐贲，没有一个是善终的。

朱元璋晚年时，最喜欢的青年才子解缙，奉命说老实话，上万言书说："臣闻令数改则民疑，刑太繁则民玩。国初至今将二十载，无几时不变之法，无一日无过之人。尝闻陛下震怒，锄根剪蔓，诛其奸逆矣，未闻褒一大善，赏延于世，复及其乡，终始如一者也。陛下进人不择贤否，授职不量重轻。建‘不为君用’之法，所谓取之尽锱铢；置‘朋奸倚法’之条，所谓用之如泥沙。监生进士经明行修，而多屈于下僚；孝廉人才冥蹈瞽趋，而或布于朝省。椎埋嚣悍之夫，阘茸下愚之辈，朝捐刀镊，暮拥冠裳；左弃筐箧，右绾组符。是故贤者羞为之等列，庸人悉习其风流，以贪婪苟免为得计，以廉洁受刑为饰辞。出于吏部者无贤否之分，入于刑部者无枉直之判。天下皆谓陛下任喜怒为生杀，而不知皆臣下之乏忠良也。夫罪人不孥，罚弗及嗣，连坐起于秦法，孥戮本于伪书。今之为善者妻子未必蒙荣，有过者里胥必陷其罪，况律以人伦为重，而有给配之条，听之于不义，则又何取夫节义哉！此风化之所由也。”

所说全是事实。迫文人做官则取之尽锱铢，做了官再屠杀；稍不如意便下刑部，一进刑部是没有冤屈可诉的。而且，不但罚延及嗣，连儿子一起杀，甚至妻女也不免受辱，听凭官家给配，真是任喜怒为生杀，和“臣下乏忠良”何干？解缙这么说，只是行文技巧，不给上位太难堪而已。朱元璋读了，连说：“才子！才子！”可见他自己也是心服的。

前朝老文学家杨铁崖（维桢）被征，婉辞谢绝，说快死的老太婆不能再嫁人了，赋《老客妇谣》明志，抵死不肯做官，被迫勉强到南京打一转，请求还山，宋濂赠诗说：“不受君王五色诏，白衣宣至白衣还。”胡翰、赵埙、陈基在《元史》修成后，即刻回家。张昱被征，

明代太庙

朱元璋看他老态龙钟，说是回去吧，可以闲一闲了，因自号为可闲老人。王逢是张士诚的馆客，吴亡，隐居不起，洪武十五年（1382年）被征，地方官押送上路，亏得儿子做通事司令的，向皇帝磕头苦求，才放回去。高则诚（明）以老疾辞官，张宪隐姓埋名、寄食僧寺，丁鹤年学佛庐墓，都得以终其天年。开国谋臣秦从龙避乱镇江，朱元璋先嘱徐达访求，又特派朱文正、李文忠到门延聘，亲自到龙湾迎接，事无大小，都和他商量，称为先生而不名，有时用竹板写字问答，连左右侍从都不知道他们说的是什么。陈遇在幕中被比作伊、吕、诸葛，最为亲信。朱元璋做吴王时，陈遇辞做供奉司丞；朱元璋称帝后，陈遇三次辞翰林学士，又辞中书左丞，辞礼部侍郎兼弘文馆大学士，辞太常少卿，最后又辞做礼部尚书，朱元璋无法，要派他儿子做官，还是不肯；他在左右劝少杀人，替得罪臣僚说好话，密谋秘计，外人无法与闻。他越是不肯做官，朱元璋对他越敬重，见面称先生或君子，宠礼在勋戚大臣之上。秦从龙和陈遇都不做官，都为朱元璋所信任尊重，都能平安老死，相比刘基那样被猜忌毒死，宋濂那样暮年谪死，真是不可同日而语了。

朱元璋渡江以前幕府里的主要人物，还有一人名田兴，攻下后便隐遁江湖，朱元璋多方设法寻访都不肯回来。洪武三年（1370年）又派专使以手书敦劝说："朱元璋见弃于兄长，不下十年，地角天涯，未知云游之处，何尝暂时忘也。近闻打虎留江北，为之喜不可仰。两次诏请，更不得以勉强相屈。文臣好弄笔墨，所拟词意，不能尽人心中所欲言，特自作书，略表一二，愿兄长听之：昔者龙凤之僭，兄长劝我自为计，又复辛苦跋涉，参谋行军。一旦金陵下，告遇春曰：大业已定，天下有生，从此浪迹江湖，安享太平之福，不复再来多事矣。

"我故以为戏言，不意真绝迹也。皇天厌乱，使我灭南盗，驱北贼，无才无德，岂敢妄自尊大，天下遽推戴之，陈友谅有知，徒为所笑耳。三年在此位，访求山林贤人，日不暇给。兄长移家南来，离京甚近，非但避我，且又拒我。昨由去使传信，令人闻之汗下。虽然，人之相知，莫如兄弟，我二人者不同父母，甚于手足。昔之忧患，与今之安乐，所处各当其事，而平生交谊，不为时势变也。世未有兄因弟贵，惟是闭门逾垣以为得计者也。皇帝自是皇帝，朱元璋自是朱元璋，朱元璋不过偶然做皇帝，并非做皇帝便改头换面，不是朱元璋也。本来我有兄长，并非做皇帝便视兄长如臣民也。愿念兄弟之情，莫问君臣之礼，至于明朝事业，兄长能助则助之，否则，听其自便。只叙兄弟之情，断不谈国家之事。美不美，江中水，清者自清，浊者自浊，再不过江，不是脚色。”

手书情辞恳切到家，可田兴还是不理。此人神龙见首不见尾，如实有其人，可说是第一流人物，也是最了解他小兄弟性格的一个人物。

织特务网

专制独裁的政权，根本是反人民的，靠吮吸人民的血汗、奴役人民的劳力而存在。为了利益的独占和持续，甚至对他自己的工具或者仆役、官僚和武将，也非加以监视和侦察不可。虽然在对人民的剥削掠夺这一共同基础上，皇权和士大夫军官是一致的，但是，官僚武将过分膨胀，又必然会和皇权产生内部冲突。

皇帝站在金字塔的尖端，在尊严神圣的宝座下面，是一座火山。有广大的愤怒的人民，有两头拿巧的官僚，有强悍跋扈的武将，在酝酿力量，在组织力量。

推翻元廷统治的不就是老实得说不出话、扛竹竿锄头的农民？使张士诚终于不能成事的，不就是那些专为自己打算、贪污舞弊的文士和带歌儿舞女上阵的将军？历史上，曹操、司马懿、刘裕一个吃一个，篡位的是士大夫，帮凶又何尝不是士大夫？至于赵匡胤陈桥兵变，黄袍加身，那更用不着说了。这位子谁不想坐？“彼可取而代之也！”谁不想做皇帝？

没有做皇帝之前，用阴谋，用武力，使尽一切可能的力量去破坏，从而取得政权。做了皇帝之后，用阴谋，用武力，使尽一切可能的力量来镇压异己，维持既得利益。一句话，绝对禁止别人企图做皇帝，或对他不忠。

要严密做到镇压“异图”“不忠”，巩固已得地位，光是公开的军队和法庭，光是公布的律例和刑章是不够用的。可能军队里、法庭里，就有对现状不满的分子；可能军队里、法庭里，就有痛恨这种统治方式的人们。得有另外一套，得有一批经过挑选训练的特种侦探，得有经过严格组织的特种“机构”和特种监狱，用秘密的方法，侦伺、搜查、逮捕、审讯、处刑。在军队里，学校里，政府衙门中，在民间集会场所、私人住宅、交通孔道、大街小巷，处处都有一些特殊人物的活动。执行这些任务的特种组织和人物，汉有“诏狱”和“大谁何”，三国有“校事”，唐有“丽竟门”和“不良人”，五代有“侍卫司狱”，宋有“诏狱”和“内军巡院”，明初有“检校”和“锦衣卫”。

检校的职务是“专主察听在京大小衙门官吏不公不法，及风闻之事，无不奉闻”。最著名的头子之一叫高见贤，和佥事夏煜、杨宪、凌说，成天做告发人阴私的勾当，“伺察搏击”。兵马司指挥丁光眼巡街生事，凡是没有路引的，都捉拿充军。朱元璋说过：“有这几个人，譬如人家养了恶犬，则人怕。”杨宪曾经以左右司郎中参赞浙江行省左丞李文忠军事，朱元璋嘱咐：“李文忠是我外甥，年轻未历练，地方事由你做主张，如有差失，罪只归你。”后来杨宪就告讦李文忠用儒士屠性、孙履、许元、王天锡、王祎干预公事，屠性、孙履被诛，其余三人被罚发充书写；因之得宠，历升到中书左丞，朱元璋有意要他做宰相，杨宪就和凌说、高见贤、夏煜在朱元璋面前诉说李善长不是做宰相的材料。胡惟庸急了，告诉李善长：“杨宪若做相，我们两淮人就不得做大官了。”杨宪使人劾奏右丞汪广洋流放海南，淮人也合力反攻杨宪：“排陷大臣，放肆为奸。”到底是淮帮力量大，杨宪以告讦发迹，也以被告讦诛死。高见贤建议：“在京犯赃经断官吏，不无怨望，岂容辇毂之下住之？该和在外犯赃官吏发去江北和州、无为开垦荒田。”后来他自己也被杨宪举劾受赃，发和州种田，先前在江北种田的都指着骂：“此路是你开，你也来了，真是报应！”不久被杀，夏煜、丁光眼也先后被杀。

亲卫军官做检校的，有金吾后卫知事靳谦，朱元璋数说他的罪状：“朕以为必然至減，托以心腹，虽有机密事务，亦曾使令究焉。”有何必聚，至正二十年（1360年）派帐下卫士何必聚往探江西袁州守将欧平章动静，以断欧平章家门前二石狮尾为证，占袁州后，查果然不错。有小先锋张焕，远在初克婺州时，就做朱元璋的亲随伴当从行先锋。一晚，朱元璋出去私访，遇到巡军拦阻，喝问是谁，张焕说：“是大夫。”巡军发怒：“我不知道大夫是什么人，但是犯夜的就逮住。”解说了半晌才弄清楚。乐人张良才说平话，擅自写省委教坊司帖子，贴市门柱上，被人告发，朱元璋发怒说：“贱人小辈，不宜宠用！”叫小先锋张焕捆住乐人，丢在水里。至正二十七年（1367年）以后，检校经常做特使到前方军中传达命令。有毛骧和耿忠，毛骧是早期幕僚毛祺的儿子，以舍人做亲随，用作心腹亲信，和耿忠奉命到江浙等处访察官吏，问民疾苦。毛骧从管军千户积功做到都督佥事，掌锦衣卫事，典诏狱，被牵入胡惟庸党案伏诛。耿忠做到大同卫指挥，也以贪污案处死。

除文官武将做检校以外，和尚也有被选拔做这个工作的。吴印、华克勤等人，都还俗做了大官，替皇帝做耳目，报告外间私人动止。大理寺卿李仕鲁上疏力争，以为“自古帝王以来，未闻缙绅锱流杂居同事，而可以共济者也。今勋旧耆德，咸思辞禄去位，而锱流裣夫乃益以谗间”，并具体指出刘基、徐达、李善长、周德兴的被猜疑被谗谤，都是这批出家检校造的孽。

检校的足迹是无处不到的，朱元璋曾派人去察听将官家，有女僧诱引华高、胡大海妻敬奉西僧，行“金天教”法，朱元璋大怒，把两家妇人连同女僧一起丢在水里。

傅友德出征赐宴，派叶国珍作陪，拨与朝妓十余人。正饮宴间，有内官觇视，说是叶国珍令妓妇脱去皂帽褙子，穿华丽衣服混坐，朱元璋大怒，令壮士拘执叶国珍，与妓妇连锁于马坊，妓妇被劓去鼻尖。叶国珍说：“死则死，何得与贱人同锁？”朱元璋说：“正为你不分贵贱，才这样对你。”鞭讫数十，发瓜州做坝夫。钱宰①被征编《孟子节文》，罢朝吟诗：“四鼓冬冬起着衣，午门朝见尚嫌迟。何时得遂田园乐？睡到人间饭熟时。”有人打报告了，第二天朱元璋对他说：“昨天作的好诗，不过我并没嫌呵，改作忧字如何？”钱宰吓得磕头谢罪。宋濂性格最为诚谨，有一天请客喝酒，也被皇帝注意了，使人侦视，第二天当面发问，昨天喝酒了没有，请了哪些客，备了什么菜？宋濂老老实实地回答，朱元璋才笑说：“全对，没有骗我。”吴琳以吏部尚书告老回黄冈，朱元璋不放心，派人去查，远远见一农人坐小杌上，起来插秧，样子很端谨，使者前问：

① 钱宰：元末明初的大儒。

“此地有吴尚书这人不？”农人叉手回答：“琳便是。”使者复命，朱元璋很高兴。又如南京各部皂隶都戴漆巾，只有礼部例外，各衙门都有门额，只有兵部没有，据说这也是锦衣卫逻卒干的事。原来各衙门都有人在暗地里侦查，一天礼部皂隶睡午觉，被取去漆巾；兵部有一晚没人守夜，门额给人抬走了，发觉后不敢作声。

朱元璋不但有一个特务网，派专人侦查一切场所，一切官民，他自己也是喜欢搞这一套的。例如罗复仁官为弘文馆学士，说一口江西话，质直朴素，朱元璋叫他作老实罗。一天，忽然动了念头，要调查老实罗是真老实还是假老实，出其不意一人跑到罗家。罗家在城外边一个小胡同里，只有破破烂烂、东倒西歪的几间房子，老实罗正趴在梯子上粉刷墙壁，一见皇帝来，着了慌，赶紧叫他女人抱一个小凳子请皇帝坐下。朱元璋见他实在穷得可以，说：“好秀才怎能住这种烂房子！”即刻赏城里一所大邸宅。

检校是文官，朱元璋譬喻为恶狗。到洪武十五年（1382年）还嫌恶狗不济事，另找一批虎狼来执行大规模的屠杀，把侦伺处刑之权交给武官，特设一个机构叫锦衣卫。

锦衣卫的前身是至正二十七年（1367年）设立的拱卫司，洪武三年（1370年）改亲军都尉府，府统中、左、右、前、后五卫和仪鸾司，掌侍卫法驾卤簿，洪武十五年（1382年）改为锦衣卫。

锦衣卫有指挥使一人，正三品。同知二人，从三品。佥事三人，四品。镇抚二人，五品。十四所千户十四人，五品；副千户从五品；百户六品。所统有将军、力士、校尉，掌直驾侍卫、巡察、缉捕。镇抚司分南北，北镇抚司专理诏狱。

直驾侍卫是锦衣卫形式上的职务，巡察缉捕才是工作的重心，对象是“不轨妖言”，不轨指政治上的反对者或党派，妖言指要求改革现状的宗教集团，如弥勒教、白莲教和明教等。

朱元璋从红巾军出身，当年也喊过“弥勒降生”“明王出世”的口号，他明白这些传说所产生的号召作用，也清楚聚众结社对现政权的威胁。他也在担心，这一批并肩百战、骁悍不驯的将军，这一群出身豪室的文臣，有地方势力，有社会声望，主意多，要是自己一朝咽气，忠厚柔仁的皇太子怎么对付得了？到太子死后，太孙不但年轻，还比他父亲更不中用，成天和腐儒们读古书，讲三王的道理，断不是制驭枭雄的角色。他要替儿孙斩除荆棘，要保证自己死后安心，便有目的地大动杀手，犯法的杀，不犯法的也杀；无理的杀，有理的也杀。锦衣卫的建立，为的便是有计划地栽赃告密，有系统地诬告攀连，有目标地灵活运用，更方便地在法外用刑。各地犯重罪的都押解到京师下北镇抚司狱，此处备有诸般刑具，罪状早已安排好，口供也已预备好，不容分析，不许申诉，犯人唯一的权利是受苦刑后书字招认。不管是谁，进了这道门，是不会活着出来的。

洪武二十年（1387年），朱元璋以为该杀的人已经杀得差不多了，下令焚毁锦衣卫刑具，把犯人移交刑部，表示要实行法治了。又把锦衣卫指挥使也杀了，卸脱了多年屠杀的责任。六年后，胡党、蓝党都已杀完，松了一口气，又下令以后一切案件都由朝廷法司处理，内外刑狱公事不再经由锦衣卫。

和锦衣卫有密切关联的一件恶政是廷杖。锦衣卫是学元廷的诏狱，廷杖则是学元廷的办法。

在宋代以前，君臣的距离还不太悬绝，三公坐而论道，和皇帝是师友。宋代虽然臣僚在殿廷无坐处，到底还有几分客气。元代可不同了，起自马上，生活在马上，政府臣僚也就是军中将校，一有过失，随时杖责，打完照旧办事，甚至中书大臣都有殿廷被杖的故事。朱元璋事事复古，要

“复汉宫之威仪”，只有打人，尤其是在殿廷杖责大臣这一桩，却不嫌弃是旧俗，继承下来。著名的例子，亲族被杖死的有朱文正，勋臣被鞭死的有永嘉侯朱亮祖父子，大臣被杖死的有工部尚书薛祥，部曹被廷杖的有茹太素。从此，士大夫不但可杀，而且可辱，君臣间的距离有如天上地下，“天皇圣明，臣罪当诛”。礼貌固然谈不到，连君臣间一点起码的恩谊，也被板子鞭子打得干干净净了。

皇权顶峰

就整个历史的演进说，皇帝的权力到朱元璋可以说是达到了顶峰。

研究皇权的极权化发展，应该从两方面来看，一是士大夫地位的下降，二是对皇权的诸多约束被摧毁。至于人民，向来只有被统治、被剥削、被屠杀，和治权是丝毫没有关系的。

在明以前，士大夫是和皇家共存共治的；到明代，又猛然一跌，跌作卖身的奴隶，士大夫成为皇家的奴役了。

明初的士大夫，既不像汉、魏世族那样有威势，又没有魏晋隋唐以来世族的庄园基础，中举做官得懂君主的窍，揣摩迎合，以君主的意志为意志、是非为是非、喜怒为喜怒，从办公事上分一点残羹冷炙，建立自己的基业。一有不是，便丧身破家，挨鞭子棍子是日常，充军做苦工是从宽发落，不但礼貌谈不上，连生命都时刻在死亡的威胁中。偶尔也有被宠用的特务头子，虽然威风，可在朱元璋的心目中，甚至口头上，只把这些人当恶狗，养着咬人。皇帝越威风，士大夫越下贱，反过来也可以说是士大夫越被制抑，皇帝就越尊贵，君臣的关系一变而为主奴。奴化教育所造成的新士大夫，体贴入微地逢迎阿谀，把皇权抬上了有史以来的巅峰，是皇权极权化的另一面。

隋唐以来的三省制度，中书省决策，门下省封驳，尚书省执行，把政权分作三部分。在形式上、在理论上防止臣下擅权，分而治之，各机构互相钳制，同时也防止做皇帝的滥用权力，危害根本，是消极地巩固皇权的一种政治制度。实际执行政务的六部，在尚书都省之下，地位很低。凡政务推行，名义上由政府首长负其责任，事情做错或做坏了，一起推到宰相身上，免官降黜甚至赐死。皇帝对国事不但不是直接领导，并且是不负法律责任的。例如有天灾人祸等重大事变，开明一点的皇帝最多也不过是素服减膳避殿，下诏求直言，或进一步自我检讨一下，下诏罪己，也就算了。因为皇帝不能做错事，要认错，要受罚，也只能对上天负责。三省制度的建立，正是为了使皇帝不负行政责任，用臣下做赎罪羔羊的办法。到元朝合三省作一省，洪武十三年（1380年）杀胡惟庸以后，又废去中书省，提高六部的地位，使其直接向皇帝负责，根本取消了千百年来的相权。皇帝除了是国家元首之外，又是事实上的政府首长，直接领导并推讲庶务，皇权和相权合一，加上军队的指挥权、立法权、司法权和任意加税或减税权，以及超法律的任意处分权，人类所能想到的一切权力，都集中在一人之手，不对任何个人或团体负责，这种局面可以说是前所未有的。

单独就门下省的封驳权而说，是约束皇权滥用的一种成文法制。其实，封驳权不限于门下省，中书省的中书舍人也有这个权力。中书舍人掌起草诏令，中书省长官在得皇帝所同意的事项或命令以后，交词头（原则或具体措施）给中书舍人起草诏敕，舍人如不同意，可以缴还词头，拒绝起草。皇帝如坚持原来主意，也可以再度命令执行，但是舍人仍可以再次拒绝，除非职务被罢免，或是把这项任务交给另外一个舍人。门下省有给事中专掌封驳，封是原封退回，驳是驳正诏敕的违失，凡制敕宣行，重大事件要复奏然后施行，小事签署颁下。有违碍的可以涂窜奏还，叫作涂归，又叫作批敕。当然，历代帝王很多不遵守这约束，往往不经中书门下，以手令直接交尚书施行，这种情形，史书上叫作墨敕斜封，虽然被执行了，但在理论上是非法的。元代废门下省，给事中并入中书省，到明初废中书省后，中书舍人成为抄录文件的书记，给事中无所隶属，兼领谏职和稽查六部百司之事。两道约束被清除，皇帝的意志和命令就是法律，直接颁下，任何人都得遵守，不能批评，更不容许反对，造成了“朕即国家”的局面，皇权跳出官僚机构的牵制，超乎一切之上，这也是前所未有的。

在明以前，守法在理论上是皇帝的美德，无论是成文法典或是习俗相沿的传统。为了维持一个集团的共同利益，乃至皇家的优越地位，守法是做皇帝的最好最有利的统治方法。皇帝地位虽高，权力虽大，也不应以喜怒爱憎的个人感情来毁法、坏法，即使有特殊情形，也必须先经法的制裁，然后用皇帝的特赦权或特权来补救。著名的例子如汉文帝的倖臣邓通，在殿廷不守礼节，丞相申屠嘉大发脾气，说是朝廷礼节给破坏了，下朝回府，发檄传邓通审问，拒传就处死。邓通急了，向皇帝求赦，皇帝只好叫他去，到府后去冠光脚跪伏谢罪，丞相厉声说：“小臣戏殿上，大不敬！”叫长史把他拖出去杀了。邓通在下面磕头讨饶，额角都砸出血来了。文帝才派特使向丞相说情，说这人是我的弄臣，请特别赦免。邓通回去见皇帝，哭着说丞相几乎杀了我，见不到面了。申屠嘉是列侯，是元老重臣，代表重臣集团执行法纪，重臣集团和皇家利害一致，汉文帝便不敢也不能不守这个法。又如宋太祖时有臣僚该升官，太祖向来讨厌这个人，不批准，宰相赵普非照规矩办不可，太祖生气了，说："我偏不升他的官，看你怎么办？"赵普说："刑以惩恶，赏以酬功，是古今来的通道。而且刑赏是天下的刑赏，不是陛下的刑赏，怎么可以用个人的喜怒来破坏？"太祖气极，径自走开，赵普一直跟到宫门口，不肯走，太祖拗不过，只好答应了。这例子说明宋太祖和赵普都能守法，不过重要的是赵普不只是宰相，还是皇家旧人，他的利害也是和皇家一致的。到朱元璋便不理会这个传统了，朝廷里没有像汉初那样的元老重臣集团，有地位、有力量、可以说话做事，也没有像宋初那样的家族旧人，有胆子、有分量、敢于说话做事。相反，他的利害是和朝廷的勋贵大臣对立的，成日成夜怕人对他不忠，不怀好意，一面制定法典，叫人民遵守，犯法的必死，另一面他自己却法外用刑，在《大诰》里所处分的十种死罪和酷刑，都出于法典之外，而且全凭喜怒杀人，根本不依法律程序。在政治上的措施，擢用布衣儒士做尚书九卿以至各方面大官，也是不依成法的。他的性格、权力，加上古所未有的地位，使得没有人敢拿法来约束，甚至劝告他。

朱元璋推翻了八百年来的传统政治制度，组织新的分部负责政府，自己总揽大权，造成专制政治。接连不断制造大狱，杀了十几万社会上层的领袖人物，利用检校和锦衣卫侦伺官民，应用里甲制度布成全国性的特务网，用廷杖挫损士大夫的气节，立"寰中士大夫不为君用"之法，强迫知识分子服役。在三十年为一世的长期统治下，开国功臣被杀光了，谋臣策士一个个被清除了，豪绅地主成群成批被淘汰掉了，全国上下各阶层的人吓得胆战心惊，诚惶诚恐，束手服从。他不但是国家的元首、政府的当局，也是最高统帅、最高立法人和审判官，又是法律的破坏者，具有无限制的权力。他用学校和考试制度培养忠顺的干部，用里甲轮役的方法动员全部人力。他是大明帝国的主人，也是几十个属国和藩国的共主。

对官僚地主士大夫，朱元璋用一副恶狠狠的面孔，青面獠牙，无人不怕。对平民百姓，有另外一副面孔，白胡子的老公公，满脸慈悲相，满口和气话。

朱元璋经常挂在嘴上的话是："四民之中，农民最劳最苦。春天鸡一叫就起床，赶牛下田耕种，插下秧子，得除草，得施肥，大太阳里晒得汗直流，劳碌得不成人样。好容易等到收割了，完租纳税之外，剩不了一丁点儿。万一碰上水旱虫蝗灾荒，全家着急，毫无办法。可是国家的赋税全是农民出的，当差做工也是农民的事，要使国家富强，必得农民安居乐业才办得到。"这套话的主要意思是，要吃鸡蛋得喂饱鸡，最起码不能让鸡饿死。

使农民安居乐业的办法，不外乎上代人常做的为农民兴利、为农民除害。

兴利的事业主要是增加生产。朱元璋建国以后，首先下令凡民田五亩到十亩的栽桑麻木棉各半亩，十亩以上的加倍。到晚年又令户部劝谕民间，凡是有空地的都种植桑枣，由官家教授种植方法。加种棉花的免除租税，棉花的种植从此遍布全国，过去平民常穿的麻衣，逐渐为棉布所替代，衣的问题算是解决了。其次是兴水利，鼓励人民一切对于水利的建议，特别吩咐工部官员，凡是陂塘湖堰可以蓄水防备水旱灾的，根据地势一一修治，并派遣国子生和人才到各地督修水利，统计开塘堰七万零九百八十七处。再次就是劝导农民合作，用里甲作基础，户部劝谕，一里之内，有婚姻死丧，疾病患难，有钱的出钱，有力气的出力气。春耕秋收的时候，一家无力，百家帮忙。每乡里备有木铎，选出老人每月六次持铎游行宣讲。每里有一鼓，农桑时日，清早击鼓催人起床做工，有懒惰的由里老督责，里老不管事的处罚。

除害指的是赈灾和肃清贪官污吏。照规定，凡各地闹水旱灾歉收的，蠲免赋税。丰年无灾伤，也择地瘠民贫的地方特别优免。灾重的免交二税之外，还由官府贷米，或者是赈米、施布、给钞。各地设预备仓，由地方耆老经管，准备大批粮食救灾。灾伤州县，如地方官不报告的，特许耆民申诉，处地方官以死刑。洪武二十六年（1393年）又手令户部，地方官有权在饥荒年头，先发库存米粮赈济，事后呈报，立为永制。三十多年来，赏赐民间的布钞数百万，米百多万石，蠲免租税无数。

凡地方官贪酷害民的，许人民到京师陈诉，《大诰》说：

今后所在布政司府州县，若有廉能官吏，切切为民造福者，所在人民必知其详。若被不才官吏同寮人等捏词排陷，一时不能明其公心，远在数千里，情不能上达，许本处城市乡村耆宿赴京面奏，以凭保全。自今以后，若欲尽除民间祸患，无若乡里年高有德等，或百人，或五六十人，或三五百人，或千余人，岁终议京师面奏，本境为民患者几人，造民福者几人，朕必凭其奏，善者旌之，恶者移之，甚者罪之。呜呼！所在城市乡村耆民智人等皆依朕言，必举此行，即岁天下太平矣。民间若不亲发露其奸顽，明彰有德，朕一时难知，所以嘱民助我为此也。若城市乡村有等起灭词讼，把持官府，或拨置官吏害民者，若有此等，许四邻及阖郡人民指实赴京面奏，以凭祛除，以安吾民。

今后市政司府州县在役之吏，在闲之吏，城市乡村老奸巨猾的顽民，专一起灭词讼，教唆陷入，通同官吏，害及州里之间者，许城市乡村贤民方正豪杰之士，有能为民除患者，合议城市乡村，将老奸巨猾及在役之吏、在闲之吏，绑缚赴京，罪除民患，以安良民，敢有邀截阻挡者枭令。赴京之时，关津渡口毋得阻挡。

官吏贪赃到钞六十两以上的枭首示众，甚至处以剥皮之刑。府、州、县衙门左首的土地庙，就是剥皮的刑场，也叫皮场庙。各衙门公座旁照例摆一张人皮，里面是稻草，叫做官的触目惊心，不敢做坏事。地方官上任赏给路费，家属赐衣料。考绩以农桑和学校的成绩作为标准。来朝时又特别告诫，说是“天下新定，百姓财力都困乏，像鸟儿刚学飞和新栽的树木，拔不得毛，也动不得根”。求他们暂时不要狠心剥削，危害皇家的安全。

话说得很多，手令面谕，告诫申斥，翻来覆去地要官吏替农民着想，替政府的租税和人力动员着想。成效如何呢？洪武九年叶伯巨上书说：

今之守令，以户口、钱粮、狱讼为急务，至于农桑、学校，王政之本，乃视为虚文而置之，将何以教养斯民哉！

以农桑言之，方春，州县下一白帖，里甲回申文状而已，守令未尝亲视种艺次第、旱涝戒备之道也。

以学校言之，廪膳诸生，国家资之以取人才之地也。今四方师生缺员甚多，纵使具员，守令亦鲜有以礼让之实作其成器者。

朝廷切切于社学，屡行取勘师生姓名，所习课业。乃今社镇城郭，或但置立门牌，远村僻处则又徒存其名，守令不过具文案、备照刷而已。上官分部按临，亦但循习故常，依纸上照刷，未尝巡行点视也。

兴废之实，上下视为虚文，小民不知孝悌忠信为何物，而礼义廉耻扫地矣。

——《明史·大诰》

官僚政治的任何作为，都是纸面上的、文字上的，和实际情形全不符合，弄得“民俗浇漓，人不知惧，法出而奸生，令下而诈起。故或朝信而暮猜者有之，昨日所进，今日被戮者有之。乃至令下而寻改，既赦而复收，天下臣民，莫之适从”！洪武十二年（1379年）后，解缙奉诏上万言书，也说："臣观地有盛衰，物有盈虚，而商税之征，率皆定额，是使其或盈也，奸黠得以侵欺；其歉也，良善困于补纳。夏税一也，而茶椒有粮，果丝有税。既税于所产之地，又税于所过之津，何其夺民之利至于如此之密也？且多贫下之家，不免抛荒之咎。今日之土地无前日之生殖，而今日之征聚有前日之税粮。或卖产以供税，产去而税存；或赔办以当役，役重而民困。土田之高下不均，起科之轻重无别，膏腴而税反轻，瘠卤而税反重。"

也可见朱元璋的治绩只是纸面上的。苛捐杂税，弄得贫民卖产赔纳；徭役繁重，弄得贫民困苦逃避。尽管杀的人多，处的刑重，贪污的风气还是照旧，用他自己的话来证明："浙西所在有司，凡征收害民之奸，甚如虎狼。且如折收秋粮，府、州、县官发放，每米一石，官折钞二贯，巧立名色，取要水脚钱一百文，车脚钱三百丈，口食钱一百文。库子又要办验钱一百文，蒲篓钱一百文，竹篓钱一百文，沿江神佛钱一百文。害民如此，罪可宥乎？"

接着又说："我欲除贪赃官吏，奈何朝杀而暮犯？今后犯赃的，不分轻重都杀了！"结果还是"国初至今，将二十载，无几时不变之法，无一日无过之人"。

陆容（成化时人）曾经用具体的事实，分析洪武朝官僚政治的效果：

国初惩元之弊，用重典以新天下，故令行禁止，若风草然。然有面从于一时而心违于身后者数事：如洪武钱、大明宝钞、《大诰》、《洪武韵》是已。洪武钱民间全不行，予幼时尝见有之，今不复见一文，盖销毁为器矣。

宝钞今虽官府行之，然一贯（一千文）仅值银三厘，钱二文，民间得之，置之无用。《大诰》惟法司拟罪云有《大诰》法减一等云尔，民间实未之见，况复有讲读者乎？

第六章

平民天子

崇尚俭约

朱元璋生长于贫困的农村，自幼在穷苦中泡大，深知物力维艰，生活十分朴素，讲究节俭。后来，朱元璋虽然做了皇帝，大权在握，呼风唤雨，为所欲为，人世间所有荣华富贵供其享用，他却始终保持着朴素的本色。

他在自己卧室的屏风上亲笔写上唐人李山甫《上元怀古》的诗："南朝天子爱风流，尽守江山不到头。总为战争收拾得，却因歌舞破除休。尧将道德终无敌，秦把金汤可自由？试问繁华何处在，雨花烟草石城秋。"

这首诗并没有什么艺术特色，但朱元璋却十分喜爱这首诗。他每天早晨和晚上都吟诵一遍，时刻提醒自己保持朴素的本质，他要保住来之不易的江山。

每当庆典饮宴，朱元璋总是拿起酒杯为大家祝贺，看着群臣干杯以后，他浅尝辄止，表示意思而已。高邮人汪广洋做了丞相以后，曾问朱元璋："皇上为何不喜饮酒？"朱元璋说："保持头脑清醒。酒不可不饮，亦不可多饮，多饮便失去了江山。"

至正二十七年（1367年），朱元璋称吴王营建宫室时，管工程的人画好图样，交朱元璋审定。朱元璋看了以后，说："古人有言，'勿谋华屋'。宫室建筑，实用坚固而已，装饰无益。"说罢，拿起笔来，将雕琢考究装饰的地方全勾掉了，命有司依图建造，在宫室的墙壁上画宋儒的《大学衍义图》和历代亡国之君的故事，有司按朱元璋的旨意建成的宫室朴素无华。

有个当官的讨好地说：“云南有一种叫大理石的石头，非常好看，可以运来铺地。”

朱元璋听了，脸立时沉了下来，说：“脚踏实地，活得自在。劳民伤财，你想让我垮台呀！”

那个当官的被教训了一顿，打着自己的嘴巴，连连说：“我该死！我该死！”诺诺退去。

朱元璋下令，车舆服用诸物，该用金饰的，一律用铜代替，不可劳民伤财，追求豪华。朱元璋说：“朕富有四海，并非吝啬，实为俭约，不身体力行，何以率天下？”

朱元璋不贪钱财玩物珍宝。元顺帝弃大都北逃后，留下了费尽心机才做成的自动宫漏（计时器），司天监特意贡献给朱元璋。

朱元璋见了，说：“不管政务，专干这个，叫作以无益害有益。”命人拿去公用。

陈友谅做汉王时，有一张镂金的睡床，做工精致，十分考究，江西行省恭敬地将这张床运到南京给皇帝下榻。朱元璋说：“这和孟昶的七宝尿壶有什么区别？”叫人打碎，自用竹床凉席。

洪武元年（1368年）三月，蕲州进贡竹簟，朱元璋命人退回去，并诏谕中书省说：“古来，进贡之物，只有服食器用，而无玩好之饰，今蕲州进竹簟，天下风闻，必然争进奇巧之物，则劳民伤财即由此始矣。”于是，下令四方，“非朝廷所需，不得妄献”。

洪武四年（1371年），有一个商人从乌斯藏带回一瓶番香阿刺吉，中文名叫蔷薇露，献给朱元璋，说：“此物可以调粉，为嫔妃美容。”

朱元璋说：“这玩意儿只是装饰品，把人打扮得好看一些，却容易让人养成奢靡的习惯，没有益处，还是你留着用吧。”

朱元璋就是这样严于律己，虽享皇帝之尊，却不过奢侈的糜烂生活。

有一天下雨，朱元璋仰面观天，忽见一个内侍穿着一双新靴子走过来。朱元璋立刻把那人叫住，正待说话，又见一个舍人穿着一件价值五百贯的新衣在雨中行走，朱元璋也把他叫来。朱元璋对这两个人大发脾气，骂道：“畜牲！好东西都让你们给糟践了。”于是下令，穿新靴子的光脚走，穿贵衣的光着膀子走。

这事后来传开，朝廷上下皆以俭朴为美，无人敢在衣着打扮上下功夫了，皆以穿旧衣为荣。

朱元璋在颁发的《织染局官敕》中说：“织染之工浩大，所用者皆民之岁供。若官良臣以司之，则民无横斜，色匹如式。若非良臣而贪污职者，则民之受扰，物不如式。古者因是设局命官，使工无旷日，物无妄费。今朕亦体为之，命尔某为某官。尔当公务业诚，保身慎哉。”

朱元璋不仅自己节俭，还经常对官吏严格要求，倡导朴实作风。参政蔡哲出使，临行前，朱元璋特别嘱咐说：“蜀使来者，多饰浮辞，夸其大国，取人不信。你到后，千万不要学他们，有问题提出来，只可说老实话。”

作为皇帝，朱元璋提倡节俭，这一点是难能可贵的，在历代帝王中也是不多见的。

立志勤学

朱元璋出身穷苦，自小失学，但他深知书本知识的重要性，不论是在戎马倥偬的岁月还是在日理万机的日子，他都尽力挤出时间读书，用文化知识武装自己。从古代典籍中，他汲取了丰富的政治智慧和经验，并用以指导自己的治国实践，取得令人瞩目的成就。他曾对侍臣谈论自己的读书体会，说："朕每观书，自觉有益。盖读书穷理，于日用事务之间，自然见得道理分明，所行不至差谬。书之所以有益于人也如此。"

朱元璋小的时候，只读过几个月的私塾，识不了多少字。少年时，父母兄长相继去世，朱元璋到皇觉寺出家，不久即被迫托钵出游，流浪三年，在流浪过程中他虽积累了不少社会经验，但一直没有机会识字读书。至正七年（1347年）底，他返回故乡，仍栖居皇觉寺，"始知立志勤学"，由此到至正十二年（1352年）闰三月奋臂投军，他在皇觉寺度过了四年多时光，打下了初步的文化基础。投军的第二年，李善长、冯国用、冯国胜等读书人相继来附，他们援古论今，纵谈天下大势，这不仅使朱元璋开阔了眼界，更使他认识到读书明理的重要性。从此，他每到一处，就大力招揽儒士，让他们讲解经史。如占领滁州后，儒士范常谒见，朱元璋将他"留置幕下，有疑辄问"，所疑所问的内容当然包括书本知识在内。朱元璋自己也抓紧时间，勤奋读书，到南渡大江的时候，他已粗通文墨。在应天立下根基后，朱元璋命有司访求古今书籍，藏在内府，以供自己阅览。他曾对儒士詹同说："我在宫中，无事就取出孔子之言阅读，像'节用而爱人''使民以时'这些话，真是治国之良规。孔子之言，确实是万世之师。"

朱元璋在学习方面天赋很高，经过不懈的努力，他的学问见识和写作能力均有了很大提高，正如著名史学家谈迁在《国榷》中所说："吴王（即朱元璋）在民间时，目不知书；起兵后，每天亲近儒士，阅读典籍，亲自撰写文书信件，文词简峭，就是文士们也不如他。"朱元璋自己更是得意地说："我本野人，未尝从师指授，然读书成文，释然自顺，岂非天乎！"

大明帝国建立后，尽管诸事丛杂，异常繁忙，朱元璋仍不肯放松学习。他在奉天门东建造了一座文渊阁，将经史百家书籍收藏其中，公务之余，常到那里读书，有时也让儒臣讲解经典精义。

朱元璋的阅读范围十分广泛。在战争年代，他喜观兵书，对《孙子兵法》非常熟悉，常随口引用，并能灵活地运用于作战实践中。如至正二十三年（1363年），朱元璋在鄱阳湖大败陈友谅军，陈友谅战死，其子陈理在部将保护下逃往武昌，许多将领都认为应乘胜追击，但朱元璋却力排众议，只是派兵围住武昌，自己率主力返回应天，到第二年才督师攻打武昌，陈理出降。对于这一部署，人们颇多疑问，朱元璋事后解释说："事有缓急，兵贵神速。兵法曰：'穷寇勿追。'若乘胜急追，彼必死斗，杀伤必多。吾故纵之，遣偏师缀其后，防其奔逸。料彼创残之余，人各偷生，喘息不暇，岂复敢战？我以大军临之，故全城降服。一者我师不伤，二者生灵获全，三者保全智勇，所得不亦多乎？"

对于儒家经典，朱元璋视为治国安民之大经大法，更是终生阅览不辍。从《明太祖实录》的有关记载来看，朱元璋对于《诗》《书》《礼》《易》《春秋》等重要经典，常能随口援引，还曾与儒臣讨论其中的一些内容，说明他对这些经典是比较熟悉的。《大学》被宋代理学家列为“四书”之首，朱元璋对此书也极为推崇，他曾说过：“《大学》，平治天下之本，岂可舍此而他求哉！”他还总括《大学》的要义说：“《大学》一书，其要在于修身。身者，教化之本。人君修身而人化之，风俗岂有不美，国家岂有不兴？”所以，在其一生中，朱元璋不断地、反复地阅读《大学》，对此书理解颇深。

朱元璋还非常注重读史，从史书中获得启示与借鉴。在与臣下讨论问题的时候，朱元璋常引经据典，还经常就历史上的一些人物与事迹发表评论。有一次，朱元璋召见入京朝觐的教官，有两位教官说自己只知教学，不知民间疾苦，朱元璋就严厉批评了这两位教官，并就致君泽民、教人育人问题临时发表了一篇谈话，内中随口引用了《孟子》《左传》《史记》《汉书》《唐书》《宋史》等典籍，由此足可看出朱元璋对历史典籍的熟悉程度。

对于佛道两家的书籍，朱元璋也广泛涉猎，并曾亲自为《金刚经》《道德经》作注。此外，朱元璋还喜欢看《说苑》《韵府》等杂书。可以说，通过勤奋自学，朱元璋成为一位知识面很广的皇帝。

朱元璋身边虽然有不少文士，但他并不把文字工作全部交予他们办理，常常亲自起草各类文稿。这样，朱元璋的写作能力提高很快，宋濂曾描述朱元璋构思文稿的情形说：“沛然若长江大河，一泻而千里。”朱元璋提倡作文要平实易懂，他自己起草的文稿，大多用语通俗，浅显明白，既有朴野自然之趣，也有草率拙陋之弊。朱元璋也能写工整的骈文，封徐达为信国公的诰文，就是他亲自撰写的，其中有两联云：“从予起兵于濠上，先存捧日之心；来兹定鼎于江南，遂作擎天之柱。”“太公韬略，当弘一统之规；邓禹功名，特立诸侯之上。”这两联对仗工整，气势宏大，很受人称道。朱元璋曾让儒臣起草《皇陵碑》，所撰碑文颇多文饰，朱元璋阅后很不满意，弃之不用，自撰碑文，全篇用韵，历数自己创业艰难情状，如泣如诉，很是感人。朱元璋很喜欢写诗，现存的《明太祖御制文集》中，录有他写的各体诗歌一百多首，虽水平参差不齐，但均有自己的特点。如《不惹庵示僧》：

杀尽江南百万兵，腰间宝剑血犹腥。
山僧不识英雄汉，只凭哓哓问姓名。

又如《早行》：

忙着征农忙着鞭，转头月挂柳梢边。
两三点露不为雨，七八个星犹在天。
茅店鸡鸣人过语，竹篱犬吠客惊眠。
等闲拥出扶桑日，社稷山河在眼前。

再如《新月》：

谁将玉爪指长空，万里山河一样同。
映水有钩鱼却钓，衔山无箭鹤疑弓。
清光未放云霄外，素影遥分宇宙中。
轮满待逢三五夜，九州四海照无穷。

这些诗都写得粗放豪迈，颇有帝王气概，从中也可看出朱元璋经过坚持不懈的努力，的确达到了较高的文化水平。

矛盾性格

广开言路，虚怀纳谏，是中国古代治国之道的重要内容。朱元璋喜读经史，深知言路畅通与否关系着国家的兴亡成败。他曾对侍臣说：“朕观往古，刚愎自用的君主，饰非拒谏，大多自取灭亡。商汤勇于改过，所以成为三代时期的圣王。唐太宗能够克制自己，虚怀纳谏，也成就了贞观之治的宏业。后世君主，很少有人能赶得上他们。人君如果能虚己以受谏，人臣如果能尽忠以进谏，还有什么样的事业不能完成呢！”因此，朱元璋大力提倡臣民积极建言进谏。

早在至正二十四年（1364年），朱元璋自立为吴王后不久，他就谕廷臣说：“治国之道，必须先开通言路。言路就像水流一样，应让它长流无滞。水道堵塞则众流障遏，言路堵塞则上下壅蔽。现在我以一人而酬应各种事务，若不兼听广询，如何能知道得失？《诗经》中说过，‘先民有言，询于刍荛’。所谓刍荛，就是身份卑贱的百姓，古人尚且要听取他们的言论，何况身边共事的大臣，难道没有一得之见吗？诸公如有什么建议，就应详细地向我陈述。”明朝刚刚建立，朱元璋又告谕群臣：“忠臣爱君，谠言[1]为国。爱护君主的人，见君有过定当劝谏，劝谏而不剀切，不能算是忠。赤心为国的人，遇到事情定当进言，进言而不率直，也不能

① 谠言：公正的言论。

算是忠。近来朕每次讲话，百官只是唯唯诺诺。朕所言所行，自然有是有非，有得有失，却没有人肯坦率相告，就是有不妥之处，朕也无法得知。从今以后，你们要尽忠敢言，以纠正朕的缺失。若一味唯唯诺诺，这不是人臣事君之道。”此后，朱元璋还多次诫谕臣下，提倡进谏。

历代君主大多提倡谏诤，但真正能诚心接受臣下劝谏的，却少之又少。唐太宗李世民可以说是这方面做得最好的一位君主，但即便是他，有时也难于忍受魏征过于直率的谏言，甚至说过要杀掉魏征的气话，足见人君受谏之难。为了避免因言惹祸，官员们唯唯诺诺，三缄其口，这也是很自然的事。明初的情形，就是如此。尽管朱元璋屡次下诏求言，要求臣下进谏，但响应者寥寥无几。洪武九年（1376年），朱元璋曾向侍臣抱怨说：“接受别人的建议，改正自己的过失，这是帝王之美事。大禹以五声听治，设置鼓、钟、铎、磬、鞞，以听取臣民的意见。大禹是圣人，虚怀纳言，如此恳切，听到善言，必加拜谢。朕喜欢听建设性的建议，屡次敕令廷臣直言无隐，可至今肯坦率进言、启沃朕心的人很少。”侍臣搪塞说：“陛下天生聪明，孜孜不倦地治理国家，事情没有什么缺失，群臣不是不想进言，实在是没有什么好说的。”朱元璋说：“朕日理万机，不可能事事尽善。所期望的，是左右大臣能坦率进言，以补救朕的过失。如卿所言，非朕所望也。”

为了鼓励臣民上言进谏，朱元璋采取了一些措施。他本着“有则改之，无则加勉”的原则，宣布臣民凡有谏诤，“有善者则奖而行之，言之非实亦不之罪”。他还下令，凡有关军民利病、政事得失，不论身份贵贱，都可以上书奏陈，而且不必经过中间环节层层上递，均可以“实封直达御前”，各级衙门官员如有阻滞者，即以奸臣论，严加惩除。对于正直敢言的官员，朱元璋常加奖励，以示劝勉。如朱元璋曾派靖海侯吴祯到浙东台、温、明三郡收集方国珍旧部，编入军队防备倭寇。当地一些无赖少年，挟私报仇，诬指平民为方国珍旧部，闹得人心惶惶。宁海知县王士弘上疏奏报，朱元璋阅后，即日下诏禁止，“三郡之民赖以复安”，事后他还升王士弘为南雄府通判。江西南丰典史冯坚上书陈奏九事，朱元璋阅后认为只有一条不妥，其他均可采择实施，命吏部提升冯坚为都察院左佥都御史。巩昌秦州儒学训导门克新秩满入觐，朱元璋问起民间政事得失，在列者都敷衍应对，唯独门克新敢于直陈利弊，受到朱元璋器重，被擢升为左春坊左赞善，后又迁升为礼部尚书。

在朱元璋的大力鼓励下，洪武年间，确实出现了一些不顾身家性命、敢于犯颜直谏的人。监察御史韩宜可弹劾左丞相胡惟庸、御史大夫陈宁、中丞涂节奸佞，朱元璋说他“排陷大臣”，将他关进监狱。后获释，出任陕西按察司佥事。韩宜可并未因曾被下狱而变得谨言慎行，依然勇于进谏。他听说凡受笞刑以上处分的官员都被发到凤阳屯田，已达万余人，就上疏谏诤，要求进行甄别，按所犯情节轻重处理，不可一概而论，朱元璋接受了他的建议。后韩宜可到京师朝觐，正赶上朝廷把一批籍没入官的罪犯家属赐给各部门官员，他拒绝接受，并上疏说：“不连坐罪人的妻子儿女，这是古代的制度。因事连坐家属，这是滥用刑法。更何况男女之别，有关人伦之大防，婚姻失时，有伤天地之和气。全家连坐，岂是圣朝所当为！”朱元璋觉得他讲得有理，又接受了他的意见。

监察御史欧阳韶也是一位不怕死的言官。一次，他同另一名御史侍班，正赶上朱元璋盛怒之下要杀人，欧阳韶急忙走到殿廷跪下劝阻，但因事出仓促，不知如何措辞，只是捧手加额，高声呼喊：“陛下不可！陛下不可！”朱元璋为他的朴质诚实所感动，接受了他的劝谏。还有一次，监察御史周观政在奉天门值班，有宦官领着一班女乐往宫里走，周观政将他拦下，宦官说自己是奉皇帝命令行事，周观政还是不让进。内监愤怒地跑进去禀告，朱元璋派人出来说：“御史歇着吧，女乐不用了。”周观政说：“必亲自听皇帝宣谕。”朱元璋很欣赏这个御史的憨直，便亲自出宫，对周观政说：“宫中音乐荒废，打算让她们演练一下。朕已后悔，御史说得对。”

不过，并不是所有的进谏者都像韩宜可、欧阳韶、周观政这样幸运。朱元璋虽对唐太宗的从谏如流大表赞赏，但他却缺乏唐太宗那样的气度。他心胸狭窄，疑心特重，自视过高，内心深处存在着严重的拒谏饰非心理，对于所言不合他心意的人，必欲置之死地而后快，使不少进谏者无故丢了性命。

大理寺卿李仕鲁对朱元璋支持佛教不满，多次上疏，朱元璋总是不加理睬。李仕鲁想用激烈的言辞说动皇帝，一天上朝时，他启奏道：“陛下沉溺佛教，臣说的话都听不进去。今天就交还陛下的牙笏，请陛下将臣放归田里。”说完，就把牙笏放在地上。朱元璋顿时大怒，令武士当场将李仕鲁打死。

礼科给事中陈汶辉也对朱元璋设立僧录司、道录司等机构提出谏诤，后出任大理少卿，又多次申辩冤案。有个内戚犯法，山东副使张甲自作主张将其处死。这惹怒了朱元璋，他下旨令陈汶辉处死张甲。陈汶辉认为处分过重，不肯执行，朱元璋遂派人逮捕陈汶辉。陈汶辉知道自己多次得罪皇帝，难免一死，路过金水桥时投水自尽。

御史王权性格耿直，受到朱元璋欣赏，朱元璋还为他改名王朴。王朴感激皇帝的知遇之恩，遇事则谏，朱元璋渐渐就心烦了。一天，王朴又因事与朱元璋争辩起来，朱元璋再也按捺不住，下令将王朴拉出去砍头。不一会儿，又让把王朴带回来，问他：“你改不改？”王朴说：“陛下不以臣为不肖，任命臣为御史，却为何又如此摧辱？如臣无罪，怎么能杀臣？如臣有罪，又怎能饶臣性命？臣今日只愿速死！”朱元璋更是恼怒，命令立即行刑，路过史馆时，王朴大呼说：“学士刘三吾你记下来，某年某月某日，皇帝杀无罪御史王朴！”杀了王朴后，朱元璋又问行刑人，王朴临死前有何话说，行刑人说他作了一首诗，朱元璋责怪他们未及时奏报，又将几个行刑人都杀了。

朱元璋这种喜怒无常、因言杀人的行为，使大部分官员变得缄默不敢多言，所以尽管他反复提倡进谏，明初的谏诤之风却远不如唐太宗时那么兴盛。

朱元璋是一位雄才大略的皇帝，政绩卓著，但他的统治，带有十分残酷的特征，可以说，朱元璋是中国历史上杀人最多的皇帝之一。在分析朱元璋的杀戮行为时，人们往往从“治乱世，用重典”出发，强调客观因素，而对朱元璋的个性心理重视不够。其实，朱元璋如此嗜杀，与他的性格缺陷有很大关系。他身上表现出来的一个贯穿始终的特征，是极其强烈的攻击冲动。正如清代史学家赵翼所评论的，“雄猜好杀，本其天性”。

教子有方

朱元璋妃嫔众多，她们为他生育了二十六个儿子、十六个女儿，其中两子两女早殇，共有三十八个孩子长大成人。朱元璋认为儿子们“将有天下国家之责”，非常重视对他们的培养教育。

至正二十七年（1367年）八月，朱元璋出城祭祀山川毕，即将回宫，对随行诸子说：“人处富贵，则必骄奢；身处安逸，则忘辛劳。现在国家初步安定，百姓稍得喘息，你们知道他们的劳苦吗？能够熟悉世事人情，就不易流于骄奢怠惰。今天士兵们半夜即起，扈从至此，还未吃饭。你们都要步行回去，亲身体会劳苦，将来才不至于骄奢怠惰。”不久，他又派十三岁的长子朱标和十二岁的次子朱樉前往临濠谒祭陵墓，训谕说：“人们都说商高宗、周成王是贤明的君主，你们知道原因吗？商高宗曾亲身参加劳作，了解民间疾苦，周成王在周公的教导下，也深知稼穑之艰难，所以他们在位时勤劳节俭，不敢懈怠，成为商、周的好君主。你们生于富贵，不曾涉历艰难，习于安逸，必生骄惰。现在让你们去旁近郡县，游览山川，经历田野，观小民之生业，以知衣食之艰难，察民情之好恶，以知风俗之美恶。到了祖宗陵墓所在，你们要访求父老，询问我起兵渡江时的事情，牢记于心，以知我创业之不易。”

明朝建立后，朱元璋于洪武三年（1370年）首次分封诸王，当时已出生的十个皇子，除长子朱标已被册立为皇太子外，其他九子均封为王。朱元璋阐述分封的目的说：“天下非常广阔，必须建立藩国，上可以保卫国家，下可以安定百姓。现在朕诸子已长成，应当各有爵封，分镇各地。这不是朕对儿子们有私心，而是遵循古代圣王的制度，从长治久安的大计考虑。”洪武十一年（1378年），朱元璋再次分封自第十一子到第十五子的五个儿子为王。洪武二十四年（1391年），朱元璋第三次分封，这次受封的是第十六子到第二十五子，共十王。朱元璋期望诸王将来能担负起“屏藩皇室，磐石社稷”的重任，亲自挑选儒士以辅佐、教导诸王。他告谕王府官员说：“储存药品是为了防病，积聚财货是为了防贫，任用贤才是为了提高道德素养。朕选择贤才以辅佐诸子，你们这些在诸王身边的人，要朝夕规劝教诲，以增进他们的德行。”朱元璋也常训谕诸子，告诫他们：“过去有道的明君，都勤于政务，关心百姓，所以能保守住天下。他们的子孙失去了这些品德，生活荒淫，政教废弛，礼乐崩坏，遭到上天的唾弃和民众的叛离，以至于丧失了国家。我的子孙，应当效法古代的圣帝哲王，兢兢业业，小心谨慎，以那些荒淫失国的人为鉴戒，决不蹈其覆辙，这样就可以长享富贵了。”

长子朱标是皇位继承人，朱元璋尤其重视对他的教育。朱标未满六岁就开始读书，他的老师是著名学者宋濂。宋濂素以道德文章为人称道，又富有教学经验，对朱标要求很严格，一言一行皆以礼法规劝，朱标对他很是敬重。明帝国建立后，朱标被立为皇太子，辅佐教育制度更加系统完善。中国历代相传，太子所居之处称为东宫，设置专门官署。朱元璋经过仔细考虑，决定不为东宫设置专官，而以朝廷大臣兼任。兼任东宫官职的，既有李善长、徐达这样的功臣勋旧，也有刘基、章溢这样的饱学儒士。朱元璋曾向李善长等人解释他这样做的用意：“朕于东宫不设专职，而以卿等兼领，是考虑到战事未息，朕若出征巡狩，必以太子监国。如果设立东宫专官，即等在内有事启闻，太子倘与卿等意见不合，卿等会说是东宫官员教的，难免生出嫌隙。”他还以周公教成王、召公教康王为例，叮嘱他们用心辅导太子。朱元璋深知，光靠书本知识是不够的，必须让太子在实践中磨炼成长。洪武六年（1373年），朱标刚满二十岁，朱元璋下令：“今后日常事务启奏皇太子，重大事情才许直接奏报。”洪武八年（1375年），他命太子率秦王、晋王、楚王等到凤阳练兵，以熟悉武备。次年，又让太子率秦王、晋王、燕王等到凤阳谒祭祖陵，沿途了解民间疾苦。洪武十年（1377年），朱元璋又下令：“自今大小政事都先启奏皇太子处分，然后奏闻。”他还面谕太子说：“自古以来，创业之君历经勤劳，通达人情事理，所以处理事情，少有不当。守成之君，生长于富贵，若平日不先练习，处理事情很少有不出差错的。所以我特意让你日临群臣，听断事务，以熟悉国政。我自获得天下以来，未曾享受闲暇生活，对于各种事情，总怕处理稍有不当，辜负了上天的付托。每天戴月上朝，半夜方睡，白天有什么事情未处理妥当，还睡不安稳，这些都是你亲眼见到的。你能体会我的心意，认真做事，是天下之福，我也不用担忧了。”

诸王受过良好教育，成年后，多数都较有才干。二子秦王朱樉、三子晋王朱棡、四子燕王朱棣都有军事才能，朱元璋将功臣宿将诛杀殆尽后，北部边防重任便由他们承担起来。五子周王朱橚爱好文学，工于词赋和书法，著有《元宫词》百章。朱橚还是一位著名的植物学家，他把收集到的四百多种植物种在园圃中，亲自观察，待其滋长成熟，则召画工绘制标本图样，编成《救荒本草》一书，收录记载了四百一十四种植物，描述得相当细致准确。六子楚王朱桢喜欢习武，朱元璋曾命他和汤和等一起率兵到贵州平叛。七子齐王朱榑亦喜武略，数次率兵出塞。八子潭王朱梓聪敏好学，擅长文词。十子鲁王朱檀好文礼士，善写诗歌。十一子蜀王朱椿博览群书，学识渊博，被朱元璋称为“蜀秀才”。十二子湘王朱柏能文能武，喜欢读书，常常读书至深夜，还建立了一座景元阁，召集文人儒士，校勘古书。十六子庆王朱㮵也“好学有文”，在文学上相当有造诣。十七子宁王朱权对文学和音乐都颇有研究，著有《通鉴博论》《家训》《宁国仪范》《汉唐秘史》《史断》《文谱》《诗谱》等著作数十种。当然，朱元璋的儿子中也有几个不成器的，如十三子代王朱桂为人残暴，十九子谷王朱橞为人暴横，二十五子伊王朱㰘为人淫虐，都深为封国所在地百姓痛恨。

朱元璋分封诸王，是希望他们能起到拱卫皇室的作用。可在历史上，分封制常常导致同室操戈、骨肉相残的悲剧，汉代的“七国之乱”、晋朝的“八王之乱”，是这方面最典型的例子。朱元璋熟读史书，对分封制潜藏的危险自然了然于胸，可他太疼爱儿子，又太过自信，总认为只要教育有方，措施得当，就能避免分封制的弊害。对于朱元璋“分封过侈”的问题，当时许多人感到忧虑，但都不敢进谏，只有山西平遥训导叶伯巨冒死上书，指出：“国家裂土分封，使诸王各有封地，并赐与大量军士，数世以后，将会形成尾大不掉之势。如果到那时再削其地、夺其权，则他们必然心生怨恨，就像汉朝七国、晋朝诸王一样，或凭险抵抗，或拥兵入朝，再想防备也来不及了。历史事实证明，分封逾制，祸患立生。希望皇帝及早采取措施，割一世之恩，制万世之利，以安社稷，则天下幸甚。”朱元璋见了这份奏疏，不由得大怒，说：“小子竟敢离间我的骨肉，快把他逮来，我要亲手射死他！”叶伯巨被逮到南京后，中书省趁朱元璋高兴时奏报，叶伯巨才暂免杀头，后死在狱中。从此，再也没有人敢对分封诸王表示异议了。

朱元璋精心栽培的皇太子朱标，因不赞成父亲大肆杀戮的政策，长期心情抑郁，终致患病，于洪武二十五年（1392年）去世。朱元璋经过权衡，立朱标之子朱允炆为皇太孙，是年朱允炆只有十六岁。朱元璋仍照培养皇太子的办法，培养皇太孙，但在性格上，朱允炆比其父还要仁弱。朱允炆已迫切感到诸王的威胁，曾向朱元璋谈到这个问题，朱元璋说：“朕让诸王承担边防重任，边境无警，可给你一个安定的环境。”朱允炆问：“边境不安，让诸王抵御，若是诸王不安，让谁抵御呢？”朱元璋沉默良久，反问说：“你看应怎么办？”朱允炆说：“以德感化他，以礼制约他，不行就削夺他的封地，再不行就废黜他的爵位，还不行就只能举兵讨伐了。”朱元璋想了一会儿，说：“对，我看也没有更好的办法了。”

可惜的是，朱元璋在有生之年，始终没有采取有力措施解决诸王势力过强的问题。洪武三十一年（1398年）闰五月初十，辛勤工作了一生的朱元璋撒手西去。十六日，朱允炆即皇帝位，改次年为建文元年，葬朱元璋于南京城外钟山下，名曰“孝陵”。朱元璋去世后，诸王与朝廷的矛盾迅速激化。建文元年（1399年）七月，燕王朱棣以“清君侧”为名，举兵反叛，经过三年多的战争，于建文四年（1402年）攻破南京，朱允炆自焚而死。

倘若朱元璋地下有知，看到自己亲手造成的骨肉相残的悲剧，他一定无法瞑目。分封诸王，给他们过重的兵权，是朱元璋一生最大的政策失误。皇家的这场内部争斗，使刚刚从元末战乱中恢复起来的社会经济，再次遭受摧残，对此，朱元璋是难辞其咎的。

第七章 晚年生活

帝王之家

同前代帝王一样，朱元璋多妻多子。从二十八岁到六十八岁的四十年间，朱元璋和他的后妃们共生有二十六个儿子，十六个女儿，平均每年生有一个子女，使朱家从仅存的朱元璋一人变为当时成员很多的大家庭。

在朱元璋的所有妻室中，他的结发之妻马皇后最为杰出。马皇后对朱元璋的支持与帮助，使朱元璋终生不忘。朱元璋当了皇帝，后宫无数，也一直与老妻感情很好。这一方面是朱元璋不忘糟糠之情，另一方面，也因为马皇后始终是朱元璋打江山坐江山的贤内助。

当朱元璋率众驰骋大江南北之际，其妻马氏一直照料着朱元璋的饮食起居，替他掌管文书。有一段时期，因遇天灾，军中缺粮，马皇后宁愿自己忍饥挨饿，也要设法贮存一些干粮腌肉，保证朱元璋的营养供应。朱元璋攻取应天之后，东有张士诚，西有陈友谅，朱元璋面临着东、西两面的夹击。马氏便率领军中诸将妻妾不分昼夜地赶制衣服鞋子，让前线的将士及时得到衣物补给。朱元璋在军中的公文书信，也全由马氏整理保管。无论朱元璋需要查询什么，她都能快速准确地提供给他。

开国以后，马皇后对朱元璋的帮助也不小。朱元璋对他的妻妾要求很严，不许她们干预政事，不许她们奢侈腐化。对此，皇后能不能统率六宫，做出表率，是至关重要的。而马皇后的器局比朱元璋希望做到的还要好，这使朱元璋十分钦佩。朱元璋登基之后，为报答马皇后的恩情，平慰她自幼的孤苦，便设法访得了她的族人，要授予官职。马皇后经过慎重考虑，认为不妥，就向朱元璋说道："国家的官爵应该授给贤能的人。妾家的亲属未必有才。若是庸才，因此而得了官，势必恃宠骄横，于国不利，于家不祥。妾听说前代外戚之家往往因为骄奢淫逸，不守法度，搞得家破人亡，这不是妾所希望看到的。倘若皇上要加恩于妾的家族，给他们一些赏赐也就足够了。"这一番议论不仅高蹈至极，而且顺情合理，朱元璋极为赞赏。其他妃嫔自然也就不敢借着皇家的威严和皇帝的恩宠，为自己的父兄邀官邀爵，借势张狂了。

朱元璋一心要做节俭的皇帝，马皇后也相夫教子，以身垂范。她平常总穿很粗糙的帛绸，洗了又洗，已经破旧了，还舍不得扔掉。她还叫人将一些零碎的布帛补缀成衣服，给诸王与公主穿，让他们知道蚕桑的艰难。一遇荒旱年景，她就亲自带领宫中妃嫔吃素，祈祷上苍，有时甚至吃粗麦饭、野菜粥。她还建议朱元璋在乡村普遍建立义仓、预备仓，储谷备荒。元大都攻克之后，很多宝物运抵南京。宫中一片欢悦，马皇后却从这些战利品中想到了失败的教训和亡国的悲凉，她对朱元璋说："前朝有这些东西，终究流散，妾想，帝王是不是还有比珠玉更珍贵的宝物呢？"朱元璋想了想，笑着说道："你说的是得贤为宝吧。"马皇后拜谢道："诚如陛下所言，妾与皇上同出贫贱，好不容易才有今天。常怕奢侈带来骄纵，细微处隐伏着危亡。所以愿得贤德的人与皇上共治天下。"又说："法不可以经常变更，否则这法就残破无用了；民不可以经常搅扰，经常搅扰，百姓便难以为生。"朱元璋觉得很有道理："你的话可为座右铭。"其实，这一直是开国后马皇后的基本想法，她想效法西汉初年的无为而治。而朱元璋作为开国皇帝，需要开规模，立章法，清污秽，除积弊，强主干，弱枝末，那是很难用"无为"来要求的。不过，马皇后以仁慈为心、清净为本的思想，恰恰对朱元璋在大刀阔斧之中所出现的许多严酷、猜忌和专断的过激行为，做了不少矫正与补救。

宋濂是明初的功臣，又是太子的老师，朱元璋起先对他十分尊重。当他告老还乡以后，朱元璋还写信向他问好。后来他的孙子宋慎卷进胡惟庸一案中，宋濂坐逮京师判了死刑。马皇后听说了，向朱元璋求情，要求赦免其罪。她说：“宋学士退休在家，怎么能够知道孙子的罪事？百姓人家请个先生，尚能始终尊敬保护他，何况是太子的老师呢？”

朱元璋听后，不予采纳，并说妇道人家不懂这种事，更不应该干涉此类事。到了吃饭的时候，马皇后特意撤去酒肉，面带忧伤。朱元璋感到奇怪，便问为何这样，马皇后说：“妾哀痛宋学士所遭受的刑辱，想替几个儿子为他们的老师服心丧而已。”朱元璋听了极不高兴，扔下筷子，离席就走。可经过冷静的思考后，朱元璋第二天还是赦免了宋濂的死罪，改流放茂州。若非马皇后全力营救，朱元璋便结果了宋濂的老命。

一次，有人上告参军郭景祥的儿子持矛欲杀其父，朱元璋听后大发雷霆，认为儿子杀老子如同犯上作乱。他立即下令将此不孝之子千刀万剐，以儆效尤。马皇后对朱元璋说：“景祥就这么一根独苗，他人的言论也许不实，如果枉杀了他的儿子，老郭就断子绝孙了。”朱元璋觉得皇后说得有理，便着人去调查，果然冤枉了郭景祥之子。他对马皇后说：“如果不是你及时提醒，险些错杀。”

吴兴富民沈万三，为了讨好朱元璋，进献了一个聚宝盆，并答应承担修筑应天城墙的三分之一，又请求朱元璋让他捐资犒赏三军。沈万三曾支持过张士诚，朱元璋对他的这一经历怀恨在心，正找不到借口。他一听沈万三如此大胆，觉得有了下手的机会。他勃然大怒：“沈万三这个匹夫，口出狂言，竟要犒赏天子的军队，一定怀有反意，其罪当诛。”马皇后对朱元璋说：“沈万三自己掏腰包犒赏军队，虽不合适，但并未犯有死罪。刑法是用来杀不守法之人的，并不是用来滥杀的。”朱元璋认为她说得在理，便赦了沈万三的死罪，将他流放到云南。

有一次，朱元璋怒斥宫人，马皇后为了消除朱元璋的怒气，也假装怒不可遏。当朱元璋治宫人罪时，马皇后坚持要求交付宫廷内部的执法部门宫正司来定罪，并对朱元璋说："帝王不能以个人的喜怒来定赏罚。当陛下震怒之际，难免定罪偏重，只有交付宫正司，才能斟酌其过失。"朱元璋认为马皇后言之有理，便遂了她意。

在遏制朱元璋暴烈脾气的同时，马皇后也关心民众疾苦和时事。她常常规劝朱元璋要广施仁政，选贤任能。有一天，她问朱元璋："现在天下百姓生活安宁吗？"朱元璋说："这不是你应该过问的事情。"马皇后接着说道："陛下是天下之父，妾也算得上是天下之母。子民安宁与否，为母者怎么不能过问呢？"

有一次，当朱元璋从国子监参加祭孔的典礼回到宫中后，马皇后问监中有多少太学生。朱元璋说有好几千。马皇后又问太学生是否带有家眷，朱元璋回答说大多数太学生带有家眷。马皇后便说："治理天下者，以贤才为本。如今人才辈出，可喜可贺。但监生由国家供应衣食，而他们的妻子的衣食却没有保障，这怎么能使他们安心读书呢？"朱元璋听从了马皇后的建议，下令设立红板仓，贮存粮食，专供太学生家属，每人每月领米六斗。从此以后，太学生家眷伴读，由政府支付口粮，马皇后为太学生做了一件功德无量的大好事。

由于过度劳心劳力，洪武十五年（1382年）初，马皇后忽觉身体恹恹，到八月便一病不起。群臣上书，恳求为皇后祈祷，并遍请天下名医为皇后调治。马皇后自知病危，既然御医们已经束手无策，也就没有什么指望了。她恳切地对朱元璋说："生死由命，富贵在天，祈祷又有何益？即使扁鹊再世，也是治得了病，治不了命。一旦找来的郎中投药无效，陛下一定会因爱妾心切而杀这些郎中的，这岂不是让他们白白送命而增加了妾的罪过。”

从此，所有医者开的药马皇后都不吃了。朱元璋心里很是难过，劝她说：“药还是要吃。万一无效，我也会为你宽恕他们。”马皇后知道丈夫的脾气，她不愿意让这些郎中和服侍的人受牵累，而正是马皇后的这个最后善举，不知使多少人免了杀身之祸。临终前，朱元璋问还有什么要交代的，马皇后说：“愿皇上求贤纳谏，慎终如始，子孙皆贤，臣民得所。但能如此，妾虽死而无憾。”八月初十，马皇后病逝，享年五十一岁。

朱元璋为遣中怀，决定为皇后大做佛事，他相信，马皇后一定是菩萨娘娘转世，现在撒手归去，也是回到西方净土去了。可是，九月二十四日安葬这一天，忽然狂风大作，雷霆电闪，又使朱元璋的信念有所动摇，为什么不是景星庆云，风和日丽，花香鸟语，来迎接菩萨归天，而偏偏是这样的天昏地暗，雷雨交加？他把高僧宗泐召来责问。好在宗泐还算沉敏，应声而道：“小僧有四句偈语，皇上可愿听。”朱元璋道：“念。”宗泐诵道：“雨落天垂泪，雷鸣地举哀。西方诸佛子，同送马如来。”朱元璋觉得吉庆，怒气渐渐消融。可巧，不久，竟雨过天晴，朱元璋更加高兴起来，他真的相信这位马菩萨荣登仙境了。

马皇后去世，宫内外一片哀伤，尤其是那些受过马皇后恩惠的宫女，一个个哭得死去活来。她们感激马娘娘的仁爱、体恤和保护。她们不知道今后会碰上什么样的主子，面临着怎么样的命运。一些女官将人们对马娘娘的深情与怀念写成一首歌，很快在宫中流传开来。歌词写道：“我后圣慈，化行家邦。抚我育我，怀德难忘。怀德难忘，于斯万年。毖彼下泉，悠悠苍天！”

除马皇后以外，朱元璋共有多少嫔妃？史无明文。其中郭惠妃是郭子兴与小张夫人的女儿，她自小与马皇后一起长大。郭子兴没后，便由其母做主，将其嫁给了朱元璋。郭惠妃生有蜀王朱椿、代王朱桂、谷王朱穗和汝阳公主、永嘉公主等三男两女。

众嫔妃中，最得朱元璋欢心的要数孙贵妃了。她十八岁嫁给了朱元璋，比马皇后小十岁。孙贵妃聪慧漂亮，善解人意，马皇后对她也十分喜爱。她在后宫的地位仅次于马皇后，名列众嫔妃之首，协助马皇后料理后宫事务。可是因为身患不治之症，竟于洪武七年（1374年）亡故，年仅三十二岁。因孙贵妃无子，朱元璋便让孙贵妃曾经抚养过的周王朱橚以亲子之礼，为她服丧三年，足见朱元璋失去孙贵妃的悲伤之情。

胡充妃也为朱元璋所宠爱。她与朱元璋是同乡，品貌非凡。为人妻不久，丈夫便命丧黄泉，她一直随母守寡。朱元璋多方打听她的下落，当得知她的父亲是赵均用的部下时，朱元璋便写信给赵均用，请求促成他与胡氏的这一桩美事。赵均用为了拉拢讨好朱元璋，满口应允。不久，便将胡氏母女送给了朱元璋。朱元璋得到胡氏后，欣喜若狂，对其倍加怜惜。胡充妃生有楚王朱桢。

李淑妃是寿州人，父亲李杰任职广武卫指挥，死于战争。她在至正二十七年（1367年）生下了朱标。后来，又生了秦王朱樉和晋王朱棡。由于马皇后只生有宁国公主和安庆公主两个女儿，没有儿子，所以她所生的三个儿子都由马皇后抚养。李淑妃心怀智术，处事果断。在为马皇后服丧三年期满后，朱元璋让她代行马皇后的权力，总摄六宫。李淑妃死后，朱元璋又让郭宁妃代摄后宫。郭宁妃也是朱元璋的同乡，父亲是郭山甫，哥哥是郭兴和郭英。据说郭山甫善于看相算命，他在给自己的两个儿子看完相面后说，他们将来都能封侯。而能给他的儿子封侯的人就是朱元璋。于是他让两个儿子跟随朱元璋渡江作战，把女儿也送给朱元璋，做她的小妾。郭兴后来因战功显赫被封为巩昌侯，郭英被封为武定侯，女儿郭氏被封为郭宁妃。郭宁妃生有鲁王朱檀。

被朱元璋所接纳的嫔妃，有从民间挑选而来的，如李淑妃、郭宁妃、胡充妃等人；有自元廷中选用的，其中有蒙古人、高丽人等，如硕妃、翁妃、韩妃、周妃等人。

像对待群臣一样，朱元璋对众妃在宠爱有加的同时，也施以残暴。伴君如伴虎，在皇帝的眼皮下生活，稍有不慎，便遭不测。如曾受朱元璋宠幸的胡充妃，就在朱元璋的猜忌下死于非命。有一年，在御河中发现了一具死胎，朱元璋大怒，要求内侍调查此事。凡有嫌疑的宫人，一律被处决，胡充妃也牵涉了进去。在未弄清事实真相之前，朱元璋便下令将胡充妃处死，弃尸于应天城外。当消息传到武昌时，楚王朱桢立即来朝，在朱元璋面前号啕大哭，然后遍找母亲的尸体，最后只找到一条练带，将其带回埋葬在楚王府中。郭宁妃、李贤妃、葛丽妃三人同时获罪，朱元璋一怒之下将她们处死，并命令把三具尸体同时装在一只大筐中，埋在应天太平门外。事后，朱元璋怒气消退，后悔自己做得有些过分，便想将三人分开，重新安葬。但刨开一看，三具尸体已经烂成一堆，无法辨别。只得照旧掩埋，在上面堆了三个土丘，以表示是三个妃子的坟墓。

朱元璋生前任意对待嫔妃，死后也要把妻妾成群的生活带到另外一个世界去。临终之前，他要求众妃为他殉葬，最后有四十余人活活地与之葬于孝陵，朱元璋以这种落后残忍的方式给他的人生画上了句号。

在朱元璋的女儿中，有七人嫁给公侯勋臣的儿子。皇家的儿女姻亲无不带有强烈的政治色彩，一方面用来密切勋臣与朝廷的关系，另一方面又用来平衡与牵制勋臣。她们往往只是朝廷政治格局的一枚棋子，一个砝码。

帝王之家的金枝玉叶，自幼锦衣玉食。但从另一个方面说，这些公主又不像人们所想象的那样惬意和幸福，她们中多数人是不幸的。当时流行早婚，这些小公主便做了早婚的模范，一般在十三四岁就为人妻母了。过早地沉沦于封建礼教的旋涡，没有父母的疼爱与守护，这对她们身心的摧残无疑是很重的。还有的丈夫早逝，年轻守寡。更可悲的是，有些女孩做了当时权力斗争的牺牲品。

欧阳伦是安庆公主的丈夫，安庆公主是宁国公主的亲妹妹，都是马皇后所生。欧阳伦仗着自己是皇亲国戚、正宫娘娘的女婿，为非作歹，为害地方。朝廷多次申诫，他都置若罔闻。欧阳伦相当贪婪，除强占土地、隐匿赋税之外，还插足商业，走私贩私，特别是从贩卖私茶中牟取暴利。明初，盐茶都由国家专卖，严禁私贩私运。在西北边防，还实行官方垄断的茶马贸易制度。茶的来源主要在四川，其次是陕西的汉中。明政府在这里对种茶园户按茶树棵数征税，其余部分由官家折价收买，严禁私售，这些统称为官茶。官茶由政府派丁夫或军士运往秦州、洮州、河州、雅州等茶马司，而后按规程与西番交易。这种带有政府性质的官方贸易，极易形成居高不下的垄断价格，因而使私下贸易有利可图。那些敢于触犯国家法纪走私贩私的，多数是勋戚大僚。朱元璋对此屡申禁令，但是言者谆谆，听者藐藐。到洪武末年，这种走私活动已经到了相当严重的地步。洪武三十年（1397年），朱元璋连下几道勒令，严申茶马私贩之禁，规定有以川陕官茶私贩出境者，处以重法。这位驸马爷认为，朝廷的法律禁令只是约束惩治平民百姓和小官小吏的，哪里管得了他！他仍率领一帮豪奴恶仆照旧横行于川陕之间，地方封疆大吏只得仰承鼻息。洪武三十年（1397年）四月，正当春耕农忙时节，欧阳伦在陕西督运一批私茶向西赶运到河州。他传令陕西布政司下公文给沿途州县，让他们备办车辆。他们走到兰县河桥巡检司，被检查拦阻，家奴周保将司吏捆起来吊打。巡检司吏忍无可忍，冒死上奏。朱元璋见到这份奏报，十分气恼，命令锦衣卫派人飞速上道，将欧阳伦、周保一干人犯锁拿进京，立即斩首。安庆公主跪在父皇面前苦苦哀求，朱元璋最后答应给她个面子，命欧阳伦自裁。陕西布政使屈从压力，搅扰百姓，知情不报，也一并处死。而河桥吏不避权贵，如实反映情况，受到朝廷嘉奖。朱元璋言出法随，始于近贵，毅然将他的女婿处死，震动朝野，为后世留下了大义灭亲的口碑。

朱元璋二十六个儿子当中有二十四个长大成人。有一句民谚：皇帝爱长子，百姓喜小儿。朱元璋称吴王时就立朱标为世子，洪武元年（1368年）登基伊始，便封他为皇太子，这年朱标十四岁。从某种意义上说，朱元璋半生拼搏挣下的这份大产业，都是为着朱标和其他儿子们的。朱元璋花了很大的精力对朱标和他的兄弟们进行诸多方面的培养与教育。

朱标，六虚岁开始启蒙，他的老师是当时的大学问家宋濂。宋濂循循善诱，博得了朱元璋的好评，也赢得了朱标的尊重与爱戴。十几年的师徒生涯，在他们之间建立了很深的友谊与感情。宋濂的学问人品，对朱标的品德性格产生了很大的影响。

朱元璋选拔天下名儒到宫廷做太子及诸王的教师，又从国子学中挑了十几个聪明俊秀的青年做伴读，但朱元璋特别告诫老师，这些人同太子相处，一定要“端其心术，不流于靡”。为了考察教学情况，朱元璋经常到太子读书的大本堂去，或品评文字，或赐宴赋诗，或讨阅古今得失。朱元璋认为，帝王之学与平民之学不同，他曾对讲授经书的孔克仁说道：“朕诸子将有天下国家之责，功臣弟子将有职任之寄，教之以道，正心为本，心正则万事理矣。”他要求对儿子们“辅以实学，毋徒效文士记诵词章而已”，“必先养其德性，使进于高明。于帝王之道、礼义之都及往古成败之迹、民间稼穑之事，朝夕与之论说”。为此，他命令东宫和王府负责教育的官员将古人可为楷模、可资鉴戒的言行辑为一编，作为太子和诸王的教科书。

朱标作为太子，接受的是传统儒家教育，视听言动，一切循理而行。严格的儒家教育，加上朱标自幼身体虚弱，性格内向，这就造成了他的柔顺与宽仁。当时宫内外佛道信仰的气氛很浓，朱标因而喜欢读一些佛经道藏之类的书籍，这就使这位皇太子更显得如同活菩萨一般，言必称尧舜，行必遵礼教，对父母忠孝，对弟妹友爱，这一切都使朱元璋喜欢，但皇太子的柔顺、怯懦，缺乏阳刚之气、威武之概，又使朱元璋遗憾与担心。为此，朱元璋曾动了不少脑筋。一天，他命人满载一车尸骨从朱标面前经过，希望由此激起他强梁之性和对死亡恐惧的适应，孰料朱标见此情景却生出无限的悲伤，面对辚辚而过的白骨，合掌而叹："善哉，善哉！"朱元璋听到这个报告，很是无可奈何。

朱元璋决定让朱标在政事的实践中历练个性，增长才干。洪武六年（1373年），朱标二十岁，朱元璋命令各衙门："今后常事启皇太子，重事乃许奏闻。"洪武十年（1377年）六月，"命群臣自今大小政事皆先启皇太子处分，然后奏闻。戴星而朝，夜分而寝，日有未善，寝亦难安，此尔所亲见也。尔能体而行之，天下之福，吾无忧矣。"朱元璋尤其告诫朱标：不被别人所左右，不被书本所牵制，遇事勤于思考，善于明辨，果于决断。经过几年的临政模拟，朱标的处事能力确有很大提高，但同朱元璋的作风路数依然相去甚远。洪武十年（1377年）十二月，朱元璋命太师李善长等几个大臣予以协助，在朱标裁断各衙门请示的时候，"参决可否，然后奏闻。"手把手地教会太子如何文武弛张，继承朱元璋的断制与风范。

然而，父亲担心儿子过于软弱，儿子也觉得父亲诛杀太虐、阴晴难测。父子之间难得一致，朱标也就不可能放手处理政务。他的所谓历练政事，不过是听从李善长他们的主意，如何去适应朱元璋的想法。洪武十三年（1380年）胡惟庸案，朱标无所适从，心情更为压抑。一天，他听说老师宋濂也被捉了来处死。他跑到朱元璋面前哭诉哀求，说："儿臣愚憨，没有别的老师。恳请父皇可怜，免他一死。"朱元璋正在气头上，训斥道："等你做天子的时候再去宽恕他吧！"朱标痛苦极了，他埋怨父亲的冷酷，痛恨自己的无能。他抽泣着离开了父亲，来到御河桥边，看着雁影鱼踪，心想大约只有它们才是自由的。于是，轻生之念蓦然而生，纵身跳下河去。附近的太监顿时傻了眼，几个反应快的，随即跳下水去，左拉右拽，拖他上岸来。朱元璋听到消息，立即赶来，一看没有事，才放下心来。一边笑着安慰他，道："傻小子，我杀人，你犯得着去死吗？！"随后，将那些紧急入水、衣鞋浸湿的太监都连升三级，而那些解衣脱鞋下水的，都立即处死，对他们说："太子落水，还等得了你们磨磨蹭蹭吗？"马皇后为了安抚太子，亲自去为宋濂说情，朱元璋才免了宋濂一死。一场风波过去，朱标对这位一向爱抚他的马皇后十分感激。于是，他把马皇后的懿德懿范暗中绘为画图。他听人说，有一次父亲作战受伤，被陈友谅的兵士追及，幸亏马皇后赶上，背着父亲逃走，才免遭不测。马皇后之死，使朱元璋看到了自己的桑榆晚景，眼见太子柔弱，似乎处处荆棘，处处险象，情绪更为烦躁，诛杀朝臣的事屡屡发生。朱标想到皇后的仁德与恻隐，便决定向父亲进谏，说道："父皇诛杀太滥，恐怕伤了天地的和气。"朱元璋听到这个话，一时酸甜苦辣咸，五味俱全，不知从何说起。第二天，朱元璋把朱标叫去，地下放一根带刺的枣木枝，让他举起来。朱标不知用意，就垂首侍立，默不作声。朱元璋于是说道："它身上满是刺，你无从下手，拿它不起。我现在把它的刺全削掉，打磨光了，再留给你，这不好吗？今天我杀人也是这个道理。我杀的都是天下的奸险人物，你很难制服他们。铲除了他们，天下才能太平。我把一个太平江山交给你，正是你的福分、天下百姓的福分。"朱元璋原想借此一片苦心，使儿子幡然醒悟，没料想朱标固执地跪地顿首说道："上有尧舜之君，下有尧舜之民。万望父皇陛下三思。"朱元璋一向自视很高，连唐宗宋祖都不放在眼里，他的理想就是恢复尧舜禹三代之治。今天，他在苦口婆心教育儿子的时候，不但没有获得儿子的谅解与感激，反倒受到反唇相讥。朱元璋这一怒非同小可，也顾不得皇家体统、皇帝尊严，起身抓起屁股下的坐垫就砸过去。太子还是遵照“小杖受，大杖走”的儒家明训，拔腿就跑，朱元璋追打出来。旁边的官员太监都吓坏了，可是又不敢阻拦。朱标知道自己闯了祸，急中生智，从怀中掏出《背负图》扔在地上。朱元璋捡起一看，不由想起与老妻相濡以沫，创业艰难，以及为儿子的基业，为大明江山苦苦奋斗的艰辛与委屈，不觉悲从中来，像个孩子似的，放声长哭。

洪武二十二年（1389年），朱元璋已是六十二岁的老人，太子也人到中年了。朱元璋为太子建立了独立的辅佐与办事衙门詹事院，有些事情也更放手让他去做。这时，朱标批阅奏章，多有从宽量刑的情况，朱元璋也照准照行了。但太子的宽仁，越发增加了朱元璋的心理压力，越发增加了他对勋戚将帅专横跋扈的担忧。他认为，通行的原则与规范，不是宽仁，而是震慑；不是爱心，而是威权；不是温情，而是冷酷。这个道理，要在现实斗争中去领悟。做父亲的只好再次打起精神，下砍角削刺的功夫，为儿子安排好一切，好叫他做太平天子。洪武二十三年（1390年）收拾胡党再起高潮，就是朱元璋赐给太子朱标的又一份“礼物”。

谁知朱标并不领情。他与父亲的距离越来越远，彼此无法沟通，难于理解，矛盾又痛苦。洪武二十三年（1390年）五月初一，以封绩的审讯为契机，牵出李善长通虏之案，大批勋臣将帅被处死。朱标知道父亲的良苦用心，而且，这样大的案情，朱标是不敢犯颜相谏的。在三法司向他禀报时，他只能按照父亲的指示和意图办理，而不能表现出丝毫的犹豫与迟疑。内心的愁苦无法宣泄，郁结成疾，六月初背部便生了一种恶疮。他认为，这就是一种报应。经多方调治，固然转危为安，然而抑郁的心情终难畅怀。洪武二十四年（1391年），朱元璋有迁都之意，令朱标由文武大臣扈行考察关中形胜。一路风尘，返京之后，朱标一病不起，洪武二十五年（1392年）四月二十五日，朱标病死，年仅三十八岁。朱标有两个妃子，一为常遇春之女，一为寿州人吕本之女。他们共有五个儿子，四个女儿。长子雄英，次子允炆，三子允熥，四子允炷，五子允熙。长子雄英于洪武十五年八岁夭亡，朱允炆成为朱元璋的皇长孙。朱允炆生于洪武十年（1377年），此时朱标十六岁。

朱允炆是一个很讨朱元璋喜欢的长孙。朱允炆自幼聪慧好学，孝亲敬上，懂得礼法，为朱元璋颇添绕膝之乐。朱允炆十四岁那年，朱标患痈疽恶疾，他日夜守护在父亲的病榻前，听到父亲的哀号，他痛不欲生，亲自用口把脓吮出，以减少父亲的痛苦。朱标病逝后，他居丧尽礼，连着几天汤水不进，以致把身体搞得很虚弱，倒使朱元璋去劝慰他："你诚然应该为父亲尽礼尽哀，但你就不为你年迈的皇爷爷着想吗？"足见朱元璋的疼爱。朱元璋经过一段时间思考和观察，于洪武二十五年（1392年）九月，决定立朱允炆为皇太孙，作为自己的继承人。

朱允炆的个性气质很像他的父亲朱标，仁厚温和，而不善心计，在治法方面崇尚轻刑薄敛，道德感化。但很多方面他又不如朱标，尤其在年龄上，只是个小孩子。再者，朱元璋年事已高，时常连上朝的力气都没有，说不定哪一天就撒手归西了。他对后事的担心，比起太子朱标时要沉重十倍。朱元璋最后孤注一掷，将差不多所有勋臣大将屠戮一空，正是在以上疑虑紧张心理支配下演出的一幕社会悲剧。朱元璋自以为这样一来，朱家江山就可以固若金汤，他的皇太孙就可以稳坐南京。谁曾想到，他死后不久就祸起萧墙。第二年，燕王朱棣就以"清君侧"的名义发动"靖难之役"，三年以后，朱允炆连同他的皇宫御座灰飞烟灭，惨死在叔父之手。

朱元璋的儿子们很小就封了王，他们要在宫廷内接受很好的教育与培养。朱元璋对他们的要求也很严格，学文之外，习武，练习击刺驰骋，六韬三略。朱元璋交给他们的任务是"屏藩皇室，磐石社稷"，帮助皇帝震慑四方，维护朱家江山，传诸万年。

分封的各王一般是成年十八九岁以后到封国去，称作就藩，或之国。朱元璋给了藩王很丰厚的生活条件，很高的地位，很大的权力。藩王（又称亲王）在封地设有亲王府，王府的规模相当宏伟。朱元璋亲自给王府宫殿起了名字，三大殿，前曰承运殿，中曰圜殿，后曰存心殿。宫城四门，南名端礼门，北名广智门，东名体仁门，西名遵义门。意思是，要达到祈天承运的目的，必须存心，必须遵照仁义礼智三纲四维去想去做，因而朱元璋说道："使诸王能睹名思义，斯足以藩屏帝室，永享多福矣。"他预先为太子及诸王分别定下子孙世系的名字排行。如太子朱标一系为：允文遵祖训，钦武大君胜，顺道宜逢吉，师良善用晟。诸王中，如燕王一系为：高瞻祁见佑，厚载翊常由，慈和怡伯仲，简靖迪先猷。然而朱标一系只传了"允"字一辈，就由燕王朱棣的"高瞻祁见佑"诸子孙承袭皇位了。王府官属开始设左右相、左右傅，洪武十三年（1380年），中央废丞相，王府也罢除相傅制度，设长吏负责王府管理。王府拥有武装，称护卫，少的有甲士三千人，多的至一万九千人，达到三个多卫的兵力。诸王的冠冕、服饰、仪仗、府邸低天子一等，公侯大臣都要叩头膜拜，在地方俨然国中之国。亲王长子封世子，长孙封世孙，庶子次子封郡王，郡王的庶子次子封镇国将军，诸孙子封辅国将军，诸曾孙封奉国将军，四世孙封镇国中尉，五世孙封辅国中尉，六世孙封奉国中尉。各封爵都颁赐禄米。又规定"郡王嫡长子袭封郡王者，岁赐比始封郡王减半支给"。一方面可以看到朱元璋为儿孙们设想安排得周密而久远；另一方面，也可以看到朱元璋对诸王儿孙们的倚重。

在明初的政局中，朱元璋同文臣武将勋戚将帅的斗争，客观上使朱氏家族更加紧密地连接在一起。洪武十一年（1378年）以后，几个年长的儿子渐次被派到封国去，震慑一方。

朱元璋的儿子们拥有超乎常人的威福权力，有的便免不了骄奢淫逸，胡作非为。但他们无不忌惮于父亲治国操家的凛然与森严，因此在朱元璋在世之时都不敢过于出格。

依依归去

马皇后死后，朱元璋的心情一直不好，可以看出他对马皇后是很怀念的。这时后宫里的一切事务全由李淑妃掌管着，这是继马氏之后又一个聪明能干的女人。

不能说因李氏为朱元璋生了几个儿子，他才爱她，而是很欣赏她的才智。所以马皇后死后，她便被册封为淑妃，掌管了后宫的日常事务，两个哥哥也被提拔为金吾指挥，与锦衣卫同掌诏狱事务。

朱元璋旧病复发时，李淑妃日夜守候在他的身边。

当皇太孙前来探望时，朱元璋醒了，正从李淑妃的手中接过参碗喝了一大口，叫道："标儿。"他仍旧把朱允炆和他的父亲朱标混淆在一起。

他靠在床上拉着朱允炆的手。

这时朱元璋的心中又感到不快活了，这种天伦之乐的场景在他心里却是另一种感受。

朱元璋阴沉沉地盯着李淑妃，这个精明能干、正值盛年的女人。她和自己的关系太亲近了，这太可怕了呀！吕后不就是在汉高祖死后凭她与汉高祖最为亲近的关系假传圣旨，差点闹得天翻地覆吗？还有那个称王称帝的女人武则天，不也是凭着与皇帝的这种最贴近的关系，控制了以后的局势，取代了理应由他的儿子们所继承的帝位？

从此，李淑妃的影子总是在他面前晃来晃去，他感到她太可疑、太可怕了。

那天晚上，李淑妃的两个哥哥已经听旨来到了皇帝的便殿，皇帝尚在病中，为什么要把他俩找来呢？

这时，老皇帝正在病榻前和李淑妃说话。

李淑妃瞅着他问："皇上感觉如何？"

他摆手，说："不行了啊！"

"不会的，上一次不是挺过来了嘛！"

"这次不同于上一次，朕已有了明显感觉。"

"请皇上不要多想了，安心休养吧。"

"你跟随了朕这么多年，朝夕在左右侍候，已是费心尽力了。"

"皇上，说这些做什么？能朝夕侍候皇上，这是我的福分，皇上安心休养，好了再想这些过去的事吧。"

朱元璋根本没在听她说着些什么，说道："你到便殿去见见你的二位哥哥吧，也尽尽骨肉同胞的情义。"

这是一个要杀人的信号呀！李淑妃心里很明白，她突然哇地哭出声了，她想起自己日夜辛苦，皇上就这样为她安排了她最后的去路，既然要杀人，又为何还要做出念及家人情义的样子……

她想到这里，就跪在地上对朱元璋说："妾知道了，死就死吧，又何必见什么兄长呢！"

一会儿，才有人对她的两个哥哥说，他们的妹妹已上吊身亡了。

兄弟两人伤感不已，他们急忙跑出便殿来，发现老皇帝正像孩子一般抚尸恸哭。朱元璋转身对兄弟说："朕不是不知道你们的妹妹贤明，只是担心她日后会演出武后之祸，只好抑制自己的感情让她这样做了，千万不要以为朕是个寡恩薄德的人！"

他们看到老皇帝的眼中充满了空虚的孤独，他们明白了皇帝的话是真的，不仅为妹妹悲哀，也对这个衰老的皇帝呈露出有失英雄本色的瞬间感到悲哀。

李淑妃死后，内宫无人管理、没有头绪，朱元璋想起了郭宁妃，因为她才智平平，朱元璋才会放心。

但郭宁妃既没有控制人的愿望，也没有这方面的才能，后宫的矛盾越来越多了，郭宁妃和唐王的生母李贤妃、伊王的生母葛丽妃常为小事在后宫中争吵。

朱元璋听到这个消息后，不愿听任何解释就下令把这三个妃子全部处死了。于是金陵城外，又多了一处三个坟堆构成的三妃墓。后来朱元璋夜夜做梦，在连续不断的梦境中煎熬着，但他仍咬牙上朝。

第二年春天之后，朱元璋便又陷入那种衰竭的状态，再一次病倒了。

宫殿大厅的香炉里青烟缭绕，一天朱元璋奉着香，双手合十，用他沙哑的声音祈祷，然后把香缓缓交给张氏，示意替他插于香炉。

那女子转身而去的时候，他忽然发现张氏的身后，露出一个毛茸茸的小脑袋，一双晶亮的眼睛好奇而天真地望着他，这是他最小的女儿宝庆公主。"过来呀，我的宝贝。"老皇帝和颜悦色地对孩子说。

"是，父皇。"孩子彬彬有礼地用柔嫩清脆的声音回答着，望望她的母亲。

刚满四岁的宝庆公主这才投进了皇帝的怀中。

朱元璋笑着问："孩子呀，如果父皇和母妃都要走了，你怎么办？"

"父皇，那我跟你们去！"

“这是不行的啊！”

“要是你们不带上我，我到哪里去找母妃呢？”

张氏那张大圆脸变得惨白如纸，连忙示意孩子不要再说了。她惊惶地望着沉思中的朱元璋，直到他示意她们退出，才把孩子抱起。

张氏却没有想到，正是这个四岁孩子的话，才救了她一条命，她成为朱元璋所有嫔妃中唯一幸存的女人。

燃香祈祷的仪式一结束，宦官即向所有女眷宣布了皇帝的话令：内宫中的所有嫔妃，在皇帝驾崩之后，全部殉葬；宝庆公主年幼，留其母抚养公主。

一大群美丽的女人顿时惊呆了，个个面如菜色。

她们没有想到，这结果来得这么快，这么冷酷，没有任何生存的希望了。

勉强坐着的朱元璋最后一次召见了群臣。

宫内气氛非同寻常，大臣们肃立在他身边。朱元璋吃力地在病床上坐起，这时他那张庄严的脸上已出现了死亡前的气色。

他说话时，一个史官站在他跟前迅速地为他记下最后的诏书：“朕受皇天之命，膺大任于世，定祸乱而偃兵，安民生于市野。谨托驭以膺命，今三十一年，忧危积心，克勤不怠，耑志有益于民。奈何起自寒微，无古人博志，好善厌恶行，过不及多矣。今年七十有一，筋力衰微，朝夕危惧，惟恐不终。万物自然之理，其矣哀念之。有皇太孙允炆，仁明孝友，天下归心，适登大位，以勤民政。中外文武臣僚，同心辅佐，以福我民。凡丧葬之仪，一如汉文勿异。布告天下，使明知朕意。孝陵山川，一由其故，无有所改。”

大臣们都感到这老皇帝在生命的最后一刻，仍在群臣面前保持了威猛之君的体面和威严。下午，这位七十岁的老皇帝就在西宫卧榻上驾崩了。

当天晚上，天气大变，下起了大雨，雨声淹没了上百名嫔妃绝望的号哭，整个皇宫笼罩在阴森森的气氛之中。

宫中似乎没有人点灯，令人不寒而栗。没有脚步声，没有说话声，没有活动。子时三分，悬挂的素练突然凝固不动了，任由风吹雨打，只是垂直地坠下来。

几天后，一支庞大的送葬队伍从皇宫缓缓地走向了金陵的钟山之下，这就是人们常说的明孝陵。

从此，明朝开国皇帝朱元璋，在数百名女魂的陪伴下，在这片清静的地方，过起了另一种生活。

皇帝驾崩，丧事办得很隆重。同其他皇帝一样，朱元璋早就安排了自己的后事。他的陵墓修在钟山南麓，称为孝陵，十分宏伟。皇后马秀英在孝陵中已经等了十五年，朱元璋一去，就可以与她团聚了。令人遗憾的是：朱元璋为他的死，最为充分地暴露了他的残忍与自私。后人按他生前的遗愿，为他实行了嫔妃殉葬制。几十个年轻鲜活的女人，都为他殉葬而死。更可恨的是：这种萌芽于氏族社会末期，中断了好几百年的强迫女性殉葬的制度，因为朱元璋又得到了恢复。到他的子孙后代，成祖、仁宗、宣宗和景帝等，人殉竟然成为皇室公开的惯例，以至于几代下来，死于殉葬的嫔妃，人数竟然达到八百多人。

皇上的龙体运往孝陵时，似乎举国都在为他伤心落泪。朱元璋用尽了所有的手段来让朱家的后裔顺利接班，而正式走到政治前台的朱允炆却偏偏遇到了最棘手的大麻烦：他众多的叔叔们，对他的皇位都虎视眈眈。朱元璋最亲的人都在想着皇位，对于他的去世自然就很少伤心了。朱允炆登上皇位的第一步行动，就只能是做他爷爷朱元璋不愿做的骨肉相残，他必须削藩！削去他爷爷分给他叔叔的权力和实力。

作为明朝开国皇帝，朱元璋全面奠定了明朝的政治、经济、文化格局，其影响之深不仅在于上层，而且达于普通人民的社会生活；不仅在明朝，而且及于后世。

朱元璋提出恢复汉宫之威仪，全面改变了元廷以蒙古族贵族为主体的政治结构。他取法周、汉、唐、宋，使明朝的政治制度回到中国传统的轨道上。他实行的爱民及与民休息的政策，使国计民生得到迅速恢复发展，为大明盛世奠定了基础。朱元璋以猛治国，推行重典，建立了绝对皇权极端专制的统治，对人性的张扬特别是对民主意识的发展有着极大的破坏性，给后世留下了恶劣影响。朱元璋分封诸王的政策，给后世发生宗室动乱埋下了祸根。朱元璋建立的一套国家管理制度，加强了中国君主宗法制国家管理，维持了明代两百余年的统治，为后来的清代所继承。朱元璋继承和发展了对少数民族因俗施治的政策，促进了中国统一多民族国家的发展。他与周边国家之间“人不犯我，我不犯人”及“厚往薄来”的政策，则保持了中国和周边国家的和平友好交往，推动了更大范围内国际秩序的建设。

总之，朱元璋是一个极具传奇色彩、极具个性的人物，对中国历史产生了重大影响，是中国历史上对后世影响最大的几位重要帝王之一。

朱元璋大事年表

附录

元文宗天历元年（1328年）九月丁丑，朱元璋出生。

元顺帝至正元年（1341年），山东、湖广、燕南平民为盗，多至三百余处。

至正三年（1343年）春，淮北大旱，继以瘟疫，朱元璋父母、兄、次兄相继病死。秋九月，朱元璋入皇觉寺为沙弥。

至正三年至七年（1343—1347年），游方淮西未归。

至正七年（1347年）年底，回皇觉寺。

至正八年到至十一年（1348—1351年）皇觉寺静待。

至正十二年（1352年），闰三月，投郭子兴部下为兵。

至正十三年（1353年），南略定远，下滁州。

至正十四年（1354年），屯军滁州。

至正十五年（1355年）正月，克和州，奉郭子兴命总诸将。四月，常遇春来归。五月，廖永安、俞通海以水军降，朱元璋下采石取太平。小明王命郭天叙为都元帅，张天佑、朱元璋为左右副元帅。九月，郭张二帅攻集庆，皆死之，朱元璋尽有郭部。

至正十六年（1356年）三月，攻取集庆，改名应天府，又遣徐达攻取镇江。六月，朱元璋部将邓愈克广德，小明王升朱元璋为江南等处行中书省平章。

至正十七年（1357年），占长兴、常州、宁国、江阴、常熟、徽州、池州、扬州等地。

至正十八年（1358年）二月，以康茂才为营田使，实施屯田。十二月，自将攻婺州，改为宁越府。

至正十九年（1359年），克诸暨、衢州、处州等地，命宁越府立郡学。小明王升朱元璋为仪同三司江南等处行中书省左丞相。

至正廿年（1360年），陈友谅攻应天，朱元璋大败之，遂复太平。徐寿辉旧将以袁州降于朱元璋。

至正廿一年（1361年），朱元璋击陈友谅于江州，陈友谅败走武昌。遂分兵取南康、建昌、饶州、蕲州、黄州、广济等处，继下抚州，小明王封朱元璋为吴国公。

至正廿二年（1362年），朱元璋受陈友谅部将胡廷瑞之降，得龙兴，改为洪都府。瑞州、吉安、临江相继下。

至正廿三年（1363年），朱元璋因张士诚将吕士珍攻安丰，亲率军往救。陈友谅大举攻洪都，围八月十五日未下。朱元璋撤军回援，与陈友谅大战于鄱阳湖。陈友谅中流矢而死，其子陈理奔回武昌，朱元璋亲往围之。

至正廿四年（1364年），自立为吴王，建百官。受陈理降，汉亡。

至正廿五年（1365年），以徐达为大将军，进攻江北、淮东张士诚之地，先取泰州高邮。

至正廿六年（1366年），徐达等下淮安、濠州、宿州、徐州等地，浙东悉归朱元璋。五月，令徐达、常遇春攻张士诚，连下湖州、杭州，进围平江。十二月，遣廖永忠迎小明王于滁州，小明王中途沉之于江，宋亡。

至正廿七年（1367年），徐达等克平江，执张士诚，吴亡。朱元璋命汤和等攻方国珍，方降。又以徐达为征虏将军，北伐中原。命胡廷瑞等取福建，杨璟取广西，徐达等下山东诸郡。

至正廿八年、明太祖洪武元年（1368年）正月，朱元璋称帝，国号大明，建元洪武，是为明太祖，立世子朱标为太子，妃马氏为皇后。汤和克延平，执陈友定，福建平。命汤和等师取广东，广州守将何真降。杨璟等下宝庆、全州、靖江等地。徐达下汴梁。朱元璋以应天为南京，开封为北京。十一月，徐达取大都，改为北平府。保定、真定、怀庆、泽州、潞州相继下。

洪武二年（1369年），奉元、凤翔、临兆相继下，李思齐降。常遇春克开平，元帝奔和林。常遇春卒于军。元军攻大同，李文忠败之。徐达下庆阳。朱元璋定内侍官制，编《祖训录》，定诸王封建之制。

洪武三年（1370年），命徐达李文忠等分道北征。李文忠获元顺帝孙以归，元嗣君北遁。朱元璋分封诸王，赐爵功臣。

洪武四年（1371年），命汤和廖永忠率舟师由东路入川，傅友德率步骑由秦陇取蜀。傅军连下阶州、文州、隆州、绵州。廖永忠克夔州，明升出降，夏亡。元平章刘益以辽东降。

洪武五年（1372年），命徐达为征虏大将军，出雁门，趋和林，李文忠趋应昌，冯胜取甘肃，征扩廓贴木儿。徐达为扩廓所败。命邓愈征土蕃。诏以农桑，学校课有司。

洪武六年（1373年），颁《昭鉴录》，训诫诸王。扩廓犯大同，徐达遣将败之，颁定《大明律》。

洪武七年（1374年），李文忠、蓝玉大败元兵，遣元顺帝孙北归。

洪武八年（1375年），诏天下立社学。

洪武十年（1377年），以羽林等卫军益秦、晋、燕三府护卫。邓愈、沐英讨吐藩，大破之。命大小政事先启太子裁决。

洪武十三年（1380年），左丞相胡惟庸以擅权诛，坐其党，死者甚众。废中书省及丞相等官，提高六部官秩。改大都督府为中左右前后五军都督府。燕王棣到封国北平就王。安置宋濂于茂州，死于道。

洪武十四年（1381年），命傅友德、沐英、蓝玉征云南。傅友德败元兵于白石江，遂下曲靖，元梁王自杀，云南平。

洪武十五年（1382年），蓝玉、沐英克大理，分兵攻鹤庆、丽江、金卤俱下。马皇后卒。置殿阁大学士。空印案发，株连死者数万。

洪武十六年（1383年），召征南师回京，沐英留守云南。

洪武十七年（1384年），曹国公李文忠被毒死。禁内官预政，敕戒诸司不得与内官公文往来。

洪武十八年（1385年），魏国公徐达中毒死，户部侍郎郭桓坐盗官粮被诛，死者数万。

洪武二十年（1387年），冯胜、傅友德、蓝玉同征纳哈出。冯率师出松亭关，下大宁宽河会州富峪四城，纳哈出降，东北平。

洪武廿三年（1390年），晋王㭎、燕王棣率师征元，颍国公傅友德等皆从其节制。齐王率师从征，燕王师次迤都，元丞相咬柱等降。韩国公李善长因胡惟庸案发，坐诛，牵连死者甚众。作《昭示奸党录》，布告天下。

洪武廿四年（1391年），天下郡县赋役黄册成。八月，皇太子巡抚陕西，十一月还京师。

洪武廿五年（1392年），皇太子标死，立长孙允炆为皇太孙。沐英卒于云南，子沐春袭封西平侯，镇云南。

洪武廿六年（1393年），凉国公蓝玉被杀，功臣死者甚众。冯胜、傅友德备边北平，其属卫将校悉听晋王燕王节制。

洪武廿七年（1394年），颍国公傅友德坐诛。

洪武廿八年（1395年），谕群臣兹后不得法外用刑；嗣居不许置丞相；皇亲唯谋逆不赦，余罪宗亲会议取上裁，法司只许举奏，不得擅逮，勒诸典章，永为遵守。八月，秦王樉死。颁皇明祖训条章，后世有言更祖制者以奸臣论。

洪武卅一年（1398年）二月，晋王朱㭎死。闰五月，朱元璋卒。太孙允炆继位，即明惠帝。